TEXTES

DES

LOIS APPLICABLES EN MATIÈRE

DE

SIMPLE POLICE

Suivis d'un

TABLEAU ALPHABÉTIQUE

DES

CONTRAVENTIONS ET DES PÉNALITÉS

PAR

F. BRUCHON

JUGE DE PAIX DU CANTON DE L'ARBRESLE (Rhône)

PARIS

L. LAROSE ET FORCEL

Libraires-Éditeurs

22, RUE SOUFFLOT, 22

—

1890

TEXTES

DES

LOIS APPLICABLES EN MATIÈRE

DE

SIMPLE POLICE

TEXTES

DES

LOIS APPLICABLES EN MATIÈRE

DE

SIMPLE POLICE

Suivis d'un

TABLEAU ALPHABÉTIQUE

DES

CONTRAVENTIONS ET DES PÉNALITÉS

PAR

F. BRUCHON

JUGE DE PAIX DU CANTON DE L'ARBRESLE (Rhône)

PARIS

L. LAROSE ET FORCEL

Libraires-Éditeurs

22, RUE SOUFFLOT, 22

—

1890

PREMIÈRE PARTIE

LOIS APPLICABLES EN MATIÈRE

DE

SIMPLE POLICE

AVERTISSEMENT

Le plan de cet ouvrage est très simple. D'une part,
un tableau contenant toutes les contraventions de
simple police, classées par ordre alphabétique, d'autre
part, tous les articles de loi applicables à ces contraventions.

Afin de faciliter les recherches, les pages des textes
de loi sont indiquées sur le tableau, en regard de
chaque contravention, de sorte que la nature de cette
contravention étant déterminée, le lecteur peut voir
d'un seul coup d'œil la quotité de l'amende ou de la
peine encourue, l'article de loi qui la prescrit et la
page contenant le texte de cet article de loi. Pour
les cas où la lecture en est nécessaire, pour le prononcé d'un jugement par exemple, la recherche peut
se faire à peu près instantanément. Ce même tableau
contient également toutes les pénalités applicables
aux cas de récidive.

Les ouvrages relatifs aux matières de simple police ne répondent généralement pas d'une manière utile et pratique du moins, au but que leurs auteurs auraient dû chercher à atteindre.

En effet, quelques-uns sont trop étendus et d'autres sont trop restreints. Trop étendus, en ce sens, que les cas relatifs aux contraventions ordinaires qui se présentent fréquemment, se trouvent englobés au milieu de discussions théoriques, très savantes il est vrai, mais s'appliquant à des cas très rares. Quelquefois aussi, ils traitent des pénalités en général, de sorte que les contraventions se trouvent éparses et mélangées avec les crimes et les délits.

Ces ouvrages sont assurément d'une utilité incontestable et d'une grande valeur au point de vue de la doctrine et de la jurisprudence, mais au point de vue pratique ils ne rendent pas tous les services qu'on est en droit d'en attendre, parce qu'ils donnent lieu à des recherches souvent très longues et quelquefois difficiles.

D'autre part, si quelques-uns de ces ouvrages sont de date récente, la plupart remontent déjà à une époque éloignée et ne sont plus en harmonie avec les lois actuelles telles, par exemple, que celles relatives aux réunions publiques, à la presse, à l'enseignement obligatoire, aux engrais, à la destruction des insectes et végétaux nuisibles à l'agriculture, à la résidence des étrangers, aux cris et annonces des journaux dans les rues et lieux publics, à la protection des enfants maltraités ou abandonnés, etc., etc.

D'autres lois dont les infractions constituaient autrefois des contraventions, ont été modifiées ou abrogées, notamment celle du 28 ventôse an IV et le § 8 de l'article 471 du Code pénal, sur l'échenillage, et celle du 18 novembre 1814, sur l'inobservation des dimanches et fêtes.

C'est en suite de ces considérations et d'autres dont il serait sans intérêt de parler ici, que l'auteur a cru devoir établir le présent ouvrage.

Le but qu'il s'est proposé en agissant ainsi, est de donner à toute personne en ayant besoin et surtout aux magistrats de simple police, un livre clair et précis, exempt de citations ou de dissertations juridiques, et d'une consultation pratique facile et rapide.

Ce livre sera certainement utile aux juges de paix et à leurs suppléants, surtout à ceux nouvellement nommés, qui ont quelquefois négligé l'étude de la procédure de simple police, aux maires et à leurs adjoints, aux commissaires de police et autres officiers remplissant les fonctions du Ministère public, aux greffiers, aux avocats et aux officiers ministériels, dans les chefs-lieux où ils ont l'habitude de s'occuper des affaires de simple police. Il sera encore également utile aux gardes-champêtres et autres agents chargés de constater les contraventions, en un mot à tous les fonctionnaires chargés de la police.

Si, dans beaucoup de communes, les contrevenants sont rarement inquiétés, c'est souvent parce que les gardes ou agents chargés de verbaliser, n'ont une connaissance suffisante, ni des actes punissables ni des lois établies pour les réprimer.

En publiant ce livre, l'auteur n'a pas entendu publier un traité de jurisprudence, son but principal a été de codifier, de coordonner les lois relatives aux contraventions de police et de classer ces contraventions par ordre alphabétique, de manière à ce que le lecteur puisse les trouver facilement, ainsi que les dates et les articles des lois qui leur sont applicables; il a cru être utile aux personnes qui peuvent avoir à se servir de son livre, en facilitant leurs recherches et en leur évitant des pertes de temps; en cela, il souhaite avoir réussi, ce sera là sa plus grande satisfaction.

F. B.

EXTRAITS

DES

CODES, LOIS, DÉCRETS ET ORDONNANCES

relatifs aux

CONTRAVENTIONS DE POLICE.

CODE D'INSTRUCTION CRIMINELLE.

. . . .
. . . . ,

DES TRIBUNAUX DE SIMPLE POLICE.

Article 137.

Sont considérés comme contraventions de police simple, les faits qui, d'après les dispositions du quatrième livre du Code pénal, peuvent donner lieu, soit à quinze francs d'amende ou au-dessous, soit à cinq jours d'emprisonnement ou au-dessous, qu'il y ait ou non confiscation des choses saisies, et quelle qu'en soit la valeur.

Article 138.

(*Loi du 27 janvier 1873.*) La connaissance des contraventions de police est attribuée exclusivement au juge de paix du canton dans l'étendue duquel elles ont été commises.

§ Ier. Du tribunal du Juge de paix comme juge de police.

Les articles 139 et 140 ont été abrogés par la loi du 27 janvier 1873.

Article 141.

Dans les communes dans lesquelles il n'y a qu'un juge de paix, il connaîtra seul des affaires attribuées à son tribunal; les greffiers ou les huissiers de la justice de paix feront le service pour les affaires de police.

Modifié. *Article 16 de la loi du 25 mai 1838.*

Article 142.

Dans les communes divisées en deux justices de paix ou plus, le service au tribunal de police sera fait successivement par chaque juge de paix en commençant par le plus ancien : il y aura, dans ce cas, un greffier particulier pour le tribunal de police.

Article 143.

Il· pourra aussi, dans le cas de l'article précédent, y avoir deux sections pour la police : chaque section sera tenue par un juge de paix et le greffier aura un commis assermenté pour le suppléer.

Article 144.

(*Loi du 27 janvier 1873.*) Les fonctions du ministère public pour les faits de police seront remplies par le commissaire du lieu où siégera le tribunal. S'il y a plusieurs commissaires au lieu où siège le tribunal, le procureur général près la cour d'appel nommera celui ou ceux d'entre eux qui feront le service. En cas d'empêchement du commissaire de police du chef-lieu, ou, s'il n'en existe point, les fonctions du ministère public seront remplies soit par un commissaire résidant au chef-lieu, soit par un suppléant du juge de paix, soit par le maire ou l'adjoint du chef-lieu, soit par un des maires ou adjoints d'une autre commune du canton, lequel sera désigné à cet effet par le procureur général pour une année entière et sera, en cas d'empêchement, remplacé par le maire, par l'adjoint ou par un conseiller municipal du chef-lieu de canton.

Article 145.

Les citations pour contraventions de police seront faites à la requête du ministère public ou de la partie qui réclame.

Elles seront notifiées par un huissier; il en sera laissé copie au prévenu ou à la personne civilement responsable.

Article 146.

La citation ne pourra être donnée à un délai moindre de vingt-quatre heures, outre un jour par trois myriamètres, à peine de nullité tant de la citation que du jugement qui serait rendu par défaut. Néanmoins, cette nullité ne pourra être proposée qu'à la première audience avant toute exception et défense.

Dans les cas urgents, les délais pourront être abrégés et les parties citées à comparaître même dans le jour, et à heure indiquée, en vertu d'une cédule délivrée par le juge de paix.

Article 147.

Les parties pourront comparaître volontairement et sur un simple avertissement, sans qu'il soit besoin de citation.

Article 148.

Avant le jour de l'audience, le juge de paix pourra, sur la réquisition du ministère public ou de la partie civile, estimer ou faire estimer les dommages, dresser ou faire dresser des procès-verbaux, faire ou ordonner tous actes requérant célérité.

Article 149.

Si la personne citée ne comparaît pas au jour et à l'heure fixés par la citation, elle sera jugée par défaut.

Article 150.

La personne condamnée par défaut ne sera plus recevable à s'opposer à l'exécution du jugement, si elle ne se présente à l'audience indiquée par l'article suivant; sauf ce qui sera ci-après réglé sur l'appel et le recours en cassation.

Article 151.

L'opposition au jugement par défaut pourra être faite par déclaration en réponse au bas de l'acte de signification, ou par acte notifié dans les trois jours de la signification, outre un jour par trois myriamètres.

L'opposition emportera de droit citation à la première audience après l'expiration des délais, et sera réputée non avenue si l'opposant ne comparaît pas.

Article 152.

La personne citée comparaîtra par

elle-même ou par un fondé de procuration spéciale.

Article 153.

L'instruction de chaque affaire sera publique, à peine de nullité.

Elle se fera dans l'ordre suivant :

Les procès-verbaux, s'il y en a, seront lus par le greffier ;

Les témoins, s'il en a été appelé par le ministère public ou la partie civile, seront entendus s'il y a lieu ; la partie civile prendra ses conclusions ;

La personne citée proposera sa défense et fera entendre ses témoins, si elle en a amené ou fait citer, et si, au terme de l'article suivant, elle est recevable à les produire ;

Le ministère public résumera l'affaire et donnera ses conclusions : la partie citée pourra proposer ses observations ;

Le tribunal de police prononcera le jugement dans l'audience où l'instruction aura été terminée, et, au plus tard, dans l'audience suivante.

Article 154.

Les contraventions seront prouvées, soit par procès-verbaux ou rapports, soit par témoins à défaut de rapports et procès-verbaux ou à leur appui.

Nul ne sera admis, à peine de nullité, à faire preuve par témoins outre ou contre le contenu aux procès-verbaux ou rapports des officiers de police ayant reçu de la loi le pouvoir de constater les délits ou les contraventions jusqu'à inscription de faux. Quant aux procès-verbaux et rapports faits par des agents, préposés ou officiers auxquels la loi n'a pas accordé le droit d'en être crus jusqu'à inscription de faux, ils pourront être débattus par des preuves contraires, soit écrites, soit testimoniales, si le tribunal juge à propos de les admettre.

Article 155.

Les témoins feront à l'audience, sous peine de nullité, le serment de dire toute la vérité, rien que la vérité ; et le greffier en tiendra note, ainsi que de leurs nom, prénoms, âge, profession et demeure, et de leurs principales déclarations.

Article 156.

Les ascendants ou descendants de la personne prévenue, ses frères et sœurs ou alliés en pareil degré, la femme ou son mari, même après le divorce prononcé, ne seront ni appelés ni reçus en témoignage, sans néanmoins que l'audition des personnes ci-dessus désignées puisse opérer une nullité, lorsque, soit le ministère public, soit la partie civile, soit le prévenu, ne se sont pas opposés à ce qu'elles soient entendues.

Article 157.

Les témoins qui ne satisferont pas à la citation pourront y être contraints par le tribunal, qui, à cet effet, sur la réquisition du ministère public, prononcera dans la même audience, sur le premier défaut, l'amende, et en cas d'un second défaut, la contrainte par corps.

Article 158.

Le témoin ainsi condamné à l'amende sur le premier défaut, et qui, sur la seconde citation, produira devant le tribunal des excuses légitimes, pourra, sur les conclusions du ministère public, être déchargé de l'amende.

Si le témoin n'est pas cité de nouveau, il pourra volontairement comparaître, par lui ou par un fondé de procuration spéciale, à l'audience suivante, pour présenter ses excuses, et obtenir, s'il y a lieu, décharge de l'amende.

Article 159.

Si le fait ne présente ni délit, ni contravention de police, le tribunal annulera la citation, et tout ce qui aura suivi et statuera, par le même jugement, sur les demandes en dommages-intérêts.

Article 160.

Si le fait est un délit qui emporte une peine correctionnelle ou plus grave, le tribunal renverra les parties devant le procureur du roi.

Article 161.

Si le prévenu est convaincu de contravention de police, le tribunal prononcera la peine, et statuera par le même jugement sur les demandes en restitution et en dommages-intérêts.

Article 162.

La partie qui succombera sera condamnée aux frais, même envers la partie publique.

Les dépens seront liquidés par le jugement.

Article 163.

Tout jugement définitif de condamnation sera motivé, et les termes de la loi appliquée y seront insérés, à peine de nullité.

Il y sera fait mention s'il est rendu en dernier ressort ou en première instance.

Article 164.

La minute du jugement sera signée par le juge qui aura tenu l'audience, dans les vingt-quatre heures au plus tard, à peine de vingt-cinq francs d'amende contre le greffier, et de prise à partie, s'il y a lieu, tant contre le greffier que contre le président.

Article 165.

Le ministère public et la partie civile poursuivront l'exécution du jugement chacun en ce qui le concerne.

§ II. De la juridiction des Maires comme juges de police.

Les articles 166, 167, 168, 169, 170 *et* 171 *formant ce paragraphe ont été abrogés par la loi du* 27 *janvier* 1873.

§ III. De l'Appel des Jugements de police.

Article 172.

Les jugements rendus en matière de police pourront être attaqués par la voie de l'appel, lorsqu'ils prononceront un emprisonnement, ou lorsque les amendes, restitutions et autres réparations civiles excéderont la somme de cinq francs, outre les dépens.

Article 173.

L'appel sera suspensif.

Article 174.

L'appel des jugements rendus par le tribunal de police sera porté au tribunal correctionnel; cet appel sera interjeté dans les dix jours de la signification de la sentence à personne ou domicile; il sera suivi et jugé dans la même forme que les appels des sentences des justices de paix.

Article 175.

Lorsque, sur l'appel, le procureur de la République ou l'une des parties le requerra, les témoins pourront être entendus de nouveau, et il pourra même en être entendu d'autres.

Article 176.

Les dispositions des articles précédents sur la solennité de l'instruction, la nature des preuves, la forme, l'authenticité et la signature du jugement définitif, la condamnation aux frais, ainsi que les peines que ces articles prononcent, seront communes aux jugements rendus, sur l'appel, par les tribunaux correctionnels.

Article 177.

Le ministère public et les parties pourront, s'il y a lieu, se pourvoir en cassation contre les jugements rendus en dernier ressort par le tribunal de police, ou contre les jugements rendus par le tribunal correctionnel, sur l'appel des jugements de police.

Le recours aura lieu dans la forme et dans les délais qui seront prescrits.

Article 178.

Au commencement de chaque trimestre, les juges de paix transmettront au procureur de la République l'extrait des jugements de police qui auront été rendus dans le trimestre précédent, et qui auront prononcé la peine d'emprisonnement. Cet extrait sera délivré sans frais par le greffier.

Le procureur de la République le déposera au greffe du tribunal correctionnel.

Il en rendra un compte sommaire au procureur général près la cour d'appel.

. . . .
. . . .
. . . .

CODE PÉNAL.

. . . .
. . . .

Article 463.

Les peines prononcées par la loi contre celui ou ceux des accusés reconnus coupables, en faveur de qui le jury aura déclaré les circonstances atténuantes, seront modifiées ainsi qu'il suit :

Si la peine prononcée par la loi est la mort, la cour appliquera la peine des travaux forcés à perpétuité ou celle des travaux forcés à temps.

Si la peine est celle des travaux forcés à perpétuité, la cour appliquera la peine des travaux forcés à temps ou celle de la réclusion.

Si la peine est celle de la déportation dans une enceinte fortifiée, la cour appliquera celle de la déportation simple ou celle de la détention; mais dans les cas prévus par les articles 96 et 97, la peine de la déportation simple sera seule appliquée.

Si la peine est celle de la déportation, la cour appliquera la peine de la détention ou celle du bannissement.

Si la peine est celle des travaux forcés à temps, la cour appliquera la peine de la réclusion ou les dispositions de l'article 401, sans toutefois pouvoir réduire la durée de l'emprisonnement au-dessous de deux ans.

Si la peine est celle de la réclusion, de la détention, du bannissement ou de la dégradation civique, la cour appliquera les dispositions de l'article 401, sans toutefois pouvoir réduire la durée de l'emprisonnement au-dessous d'un an.

Dans les cas où le Code prononce le *maximum* d'une peine afflictive, s'il existe des circonstances atténuantes, la cour appliquera le *minimum* de la peine, ou même la peine inférieure.

Dans tous les cas où la peine de l'emprisonnement et celle de l'amende sont prononcées par le Code pénal, si les circonstances paraissent atténuantes, les tribunaux correctionnels sont autorisés, même en cas de récidive, à réduire l'emprisonnement même au-dessous de six jours, et l'amende même au-dessous de seize francs; ils pourront aussi prononcer séparément l'une ou l'autre de ces peines, et même substituer l'amende à l'emprisonnement, sans qu'en aucun cas elle puisse être au-dessous des peines de simple police.

LIVRE QUATRIÈME.

CONTRAVENTIONS DE POLICE ET PEINES.

CHAPITRE PREMIER.

DES PEINES.

Article 464.

Les peines de police sont :
L'emprisonnement,
L'amende,
Et la confiscation de certains objets saisis.

Article 465.

L'emprisonnement, pour contravention de police, ne pourra être moindre d'un jour, ni excéder cinq jours, selon les classes, distinctions et cas ci-après spécifiés.

Les jours d'emprisonnement sont des jours complets de vingt-quatre heures.

Article 466.

Les amendes pour contraventions pourront être prononcées depuis un franc jusqu'à quinze francs inclusivement, selon les distinctions et classes ci-après spécifiées, et seront appliquées, au profit de la commune où la contravention aura été commise.

Article 467.

La contrainte par corps a lieu pour le paiement de l'amende.

Néanmoins le condamné ne pourra être, pour cet objet, détenu plus de quinze jours s'il justifie de son insolvabilité. (V. *Loi du 22 juillet 1867, articles 9 et 10 et Loi du 19 décembre 1871.*)

Article 468.

En cas d'insuffisance des biens, les restitutions et les indemnités dues à la partie lésée sont préférées à l'amende.

Article 469.

Les restitutions, indemnités et frais entraîneront la contrainte par corps et le condamné gardera prison jusqu'à parfait paiement : néanmoins si ces condamnations sont prononcées au profit de l'État, les condamnés pourront jouir de la faculté accordée par l'article 467, dans le cas d'insolvabilité prévu par cet article.

Article 470.

Les tribunaux de police pourront aussi, dans les cas déterminés par la loi, prononcer la confiscation, soit des choses saisies en contravention, soit des choses produites par la contravention, soit des matières ou instruments qui ont servi ou étaient destinés à la commettre.

CHAPITRE II.

CONTRAVENTIONS ET PEINES.

SECTION PREMIÈRE.
Première classe.

Article 471.

Seront punis d'amende, depuis un franc jusqu'à cinq francs inclusivement :

1° Ceux qui auront négligé d'entretenir, réparer ou nettoyer les fours, cheminées ou usines où l'on fait usage du feu ;

2° Ceux qui auront violé la défense de tirer, en certains lieux, des pièces d'artifice ;

3° Les aubergistes et autres qui, obligés à l'éclairage, l'auront négligé ; ceux qui auront négligé de nettoyer les rues ou passages, dans les communes où ce soin est laissé à la charge des habitants ;

4° Ceux qui auront embarrassé la voie publique, en y déposant ou y laissant sans nécessité, des matériaux ou des choses quelconques qui empêchent ou diminuent la liberté ou la sûreté du passage ; ceux qui, en contravention aux lois et règlements, auront négligé d'éclairer les matériaux par eux entreposés ou les excavations par eux faites dans les rues et places ;

5° Ceux qui auront négligé ou refusé d'exécuter les règlements ou arrêtés concernant la petite voirie, ou d'obéir à la sommation émanée de l'autorité administrative, de réparer ou démolir les édifices menaçant ruine ;

6° Ceux qui auront jeté ou exposé au devant de leurs édifices des choses de nature à nuire par leur chute ou par des exhalaisons insalubres ;

7° Ceux qui auront laissé dans les rues, chemins, places, lieux publics, ou dans les champs, des coutres de charrue, pinces, barres, barreaux, ou autres machines, ou instruments, ou armes, dont puissent abuser les voleurs et autres malfaiteurs ;

8° Ceux qui auront négligé d'écheniller dans les campagnes ou jardins où ce soin est prescrit par la loi ou les règlements. (V. *Loi du 24 décembre 1888 sur la destruction des insectes.*)

9° Ceux qui, sans autre circonstance prévue par les lois, auront cueilli ou mangé, sur le lieu même, des fruits appartenant à autrui ;

10° Ceux qui, sans autre circonstance, auront glané, râtelé ou grappillé dans les champs non encore dépouillés et vidés de leurs récoltes, ou avant le moment du lever ou après celui du coucher du soleil ;

11° Ceux qui, sans avoir été provoqués, auront proféré contre quelqu'un des injures, autres que celles prévues depuis l'article 367 jusques et y compris l'article 378 ;

12° Ceux qui imprudemment auront jeté des immondices sur quelques personnes ;

13° Ceux qui n'étant ni propriétaires, ni usufruitiers, ni locataires, ni fermiers, ni jouissant d'un terrain ou d'un droit de passage, ou qui n'étant agents ni préposés d'aucune de ces personnes, seront entrés et auront passé sur ce terrain, ou sur partie de ce terrain, s'il est préparé ou ensemencé;

14° Ceux qui auront laissé passer leurs bestiaux ou leurs bêtes de trait, de charge ou de monture sur le terrain d'autrui, avant l'enlèvement de la récolte;

15° Ceux qui auront contrevenu aux règlements légalement faits par l'autorité administrative, et ceux qui ne se seront pas conformés aux règlements ou arrêtés publiés par l'autorité municipale, en vertu des articles 3 et 4, titre XI de la loi des 16-24 août 1790, et de l'article 46, titre Ier de la loi des 19-22 juillet 1791. (V. *Loi du 5 avril 1884, articles 94 et suivants.*)

Article 472.

Seront en outre confisqués, les pièces d'artifice saisies dans le cas n° 2 de l'article 471, les coutres, les instruments et les armes mentionnés dans le n° 7 du même article.

Article 473.

La peine d'emprisonnement pendant trois jours au plus pourra de plus être prononcée, selon les circonstances, contre ceux qui auront tiré des pièces d'artifice, contre ceux qui auront glané, râtelé ou grappillé en contravention au n° 10 de l'article 471.

Article 474.

La peine d'emprisonnement contre toutes les personnes mentionnées en l'article 471 aura toujours lieu, en cas de récidive, pendant trois jours au plus.

SECTION II.

Deuxième classe.

Article 475.

Seront punis d'amende, depuis six francs jusqu'à dix francs inclusivement :

1° Ceux qui auront contrevenu aux bans des vendanges ou autres bans autorisés par les règlements;

2° Les aubergistes, hôteliers, logeurs ou loueurs de maisons garnies, qui auront négligé d'inscrire de suite et sans aucun blanc, sur un registre tenu régulièrement, les noms, qualités, domicile habituel, dates d'entrée et de sortie de toute personne qui aurait couché ou passé une nuit dans leurs maisons; ceux d'entre eux qui auraient manqué à représenter ce registre aux époques déterminées par les règlements, ou lorsqu'ils en auraient été requis, aux maires, adjoints, officiers ou commissaires de police, ou aux citoyens commis à cet effet, le tout sans préjudice des cas de responsabilité mentionnés en l'article 73 du présent Code, relativement aux crimes ou aux délits de ceux qui, ayant logé ou séjourné chez eux, n'auraient pas été régulièrement inscrits;

3° Les rouliers, charretiers, conducteurs de voitures quelconques ou de bêtes de charge, qui auraient contrevenu aux règlements par lesquels ils sont obligés de se tenir constamment à portée de leurs chevaux, bêtes de trait ou de charge et de leurs voitures et en état de les guider et conduire; d'occuper un seul côté des rues, chemins ou voies publiques; de se détourner ou ranger devant toutes autres voitures, et, à leur approche, de leur laisser libre au moins la moitié des rues, chaussées, routes et chemins;

4° Ceux qui auront fait ou laissé courir les chevaux, bêtes de trait, de charge ou de monture, dans l'intérieur d'un lieu habité, ou violé les règlements contre le chargement, la rapidité ou la mauvaise direction des voitures.

Ceux qui contreviendront aux dispositions des ordonnances et règlements ayant pour objet :

La solidité des voitures publiques ;

Leur poids ;

Le mode de leur chargement ;

Le nombre et la sûreté des voyageurs ;

L'indication, dans l'intérieur des voitures, des places qu'elles contiennent et du prix des places ;

L'indication, à l'extérieur, du nom du propriétaire ;

5° Ceux qui auront établi ou tenu, dans les rues, chemins, places ou lieux publics, des jeux de loterie ou d'autres jeux de hasard ;

6° Ceux qui auront vendu ou débité des boissons falsifiées ; sans préjudice des peines plus sévères qui seront prononcées par les tribunaux de police correctionnelle dans le cas où elles contiendraient des mixtions nuisibles à la santé. — (Abrogé. *Loi du 5 mai 1855.*)

7° Ceux qui auraient laissé divaguer des fous ou des furieux étant sous leur garde, ou des animaux malfaisants ou féroces ; ceux qui auront excité ou n'auront pas retenu leurs chiens, lorsqu'ils attaquent ou poursuivent les passants, quand même il n'en serait résulté aucun mal ni dommage ;

8° Ceux qui auraient jeté des pierres ou d'autres corps durs ou des immondices contre les maisons, édifices et clôtures d'autrui, ou dans les jardins ou enclos, et ceux aussi qui auraient volontairement jeté des corps durs ou des immondices sur quelqu'un ;

9° Ceux qui, n'étant propriétaires, usufruitiers ni jouissant d'un terrain ou d'un droit de passage, y sont entrés et y ont passé dans le temps où ce terrain était chargé de grains en tuyau, de raisins ou autres fruits mûrs ou voisins de la maturité ;

10° Ceux qui auraient fait ou laissé passer des bestiaux, animaux de trait, de charge ou de monture, sur le terrain d'autrui, ensemencé ou chargé d'une récolte, en quelque saison que ce soit, ou dans un bois taillis appartenant à autrui ;

11° Ceux qui auraient refusé de recevoir les espèces et monnaies nationales, non fausses ni altérées, selon la valeur pour laquelle elles ont cours ;

12° Ceux qui, le pouvant, auront refusé ou négligé de faire les travaux, le service, ou de prêter le secours dont ils auront été requis, dans les circonstances d'accidents, tumultes, naufrage, inondation, incendie ou autres calamités, ainsi que dans les cas de brigandages, pillages, flagrant délit, clameur publique ou d'exécution judiciaire.

13° Les personnes désignées aux articles 284 et 288 du présent Code ;

14° Ceux qui exposent en vente des comestibles gâtés, corrompus ou nuisibles. — (Abrogé. *Loi du 27 mars 1851, article 9.*)

15° Ceux qui déroberont, sans aucune des circonstances prévues en l'article 388, des récoltes ou autres productions utiles à la terre, qui, avant d'être soustraites, n'étaient pas encore détachées du sol.

Article 476.

Pourra, suivant les circonstances, être prononcé, outre l'amende portée en l'article précédent, l'emprisonnement pendant trois jours au plus, contre les rouliers, charretiers, voituriers et conducteurs en contravention ; contre ceux qui auront contrevenu aux règlements ayant pour objet, soit la rapidité, la mauvaise direction ou le chargement des voitures ou des animaux, soit la solidité des voitures publiques, leur poids, le mode de leur chargement, le nombre et la sûreté des voyageurs ; contre les vendeurs et débitants de boissons falsifiées ; contre ceux qui auraient jeté des corps durs ou des immondices.

Article 477.

Seront saisis et confisqués : 1° les tables, instruments, appareils des jeux ou des loteries établis dans les rues, chemins et voies publiques, ainsi que les enjeux, les fonds, denrées, objets ou lots proposés aux joueurs, dans le cas de l'article 476 ; 2° les boissons falsifiées, trouvées appartenir au vendeur et débitant : ces boissons seront répandues ; 3° les écrits ou gravures contraires aux mœurs : ces objets seront mis sous le pilon ; les comestibles gâtés, corrompus ou nuisibles : ces comestibles seront détruits.

Article 478.

La peine de l'emprisonnement pendant cinq jours au plus sera toujours prononcée, en cas de récidive, contre toutes les personnes mentionnées dans l'article 475.

Les individus mentionnés au n° 5 du même article qui seraient repris pour le même fait en état de récidive, seront traduits devant le tribunal de police correctionnelle, et punis d'un emprisonnement de six jours à un mois, et d'une amende de seize francs à deux cents francs.

SECTION III.
Troisième classe.

Article 479.

Seront punis d'une amende de onze à quinze francs inclusivement :

1° Ceux qui, hors les cas prévus depuis l'article 434 jusques et y compris l'article 462 auront volontairement causé du dommage aux propriétés mobilières d'autrui ;

2° Ceux qui auront occasionné la mort ou la blessure des animaux ou bestiaux appartenant à autrui, par l'effet de la divagation des fous ou furieux, ou d'animaux malfaisants ou féroces ou par la rapidité ou la mauvaise direction ou le chargement excessif des voitures, chevaux, bêtes de trait, de charge ou de monture ;

3° Ceux qui auront occasionné les mêmes dommages par l'emploi ou l'usage d'armes sans précaution ou avec maladresse, ou par jet de pierres ou d'autres corps durs ;

4° Ceux qui auront causé les mêmes accidents par la vétusté, la dégradation, le défaut de réparation ou d'entretien des maisons ou édifices, ou par l'encombrement ou l'excavation, ou telles autres œuvres, dans ou près les rues, chemins, places ou voies publiques, sans les précautions ou signaux ordonnés ou d'usage ;

5° Ceux qui auront de faux poids ou de fausses mesures dans leurs magasins, boutiques, ateliers ou maisons de commerce, ou dans les halles, foires ou marchés, sans préjudice des peines qui seront prononcées par les tribunaux de police correctionnelles contre ceux qui auraient fait usage de ces faux poids ou de ces fausses mesures. — (Abrogé. *Loi du 27 mars 1851, article 9.*)

6° Ceux qui emploieront des poids ou des mesures différents de ceux qui sont établis par les lois en vigueur ;

Les boulangers et bouchers qui vendront le pain ou la viande au delà du prix fixé par la taxe légalement faite et publiée ;

7° Les gens qui font métier de deviner et pronostiquer, ou d'expliquer les songes ;

8° Les auteurs ou complices de bruits ou tapages injurieux ou nocturnes, troublant la tranquillité des habitants;

9° Ceux qui auront méchamment enlevé ou déchiré les affiches apposées par ordre de l'administration ;

10° Ceux qui mèneront sur le terrain d'autrui des bestiaux, de quelque nature qu'ils soient, et notamment dans les prairies artificielles, dans les vignes, oseraies, dans les plants de câpriers, dans ceux d'oliviers, de mûriers, de grenadiers, d'orangers, et d'arbres du même genre, dans tous les plants ou pépinières d'arbres fruitiers ou autres, faits de main d'homme;

11° Ceux qui auront dégradé ou détérioré, de quelque manière que ce soit, les chemins publics, ou usurpé sur leur largeur;

12° Ceux qui, sans y être dûment autorisés, auront enlevé des chemins publics les gazons, terres ou pierres, ou qui, dans les lieux appartenant aux communes, auraient enlevé les terres ou matériaux, à moins qu'il n'existe un usage général qui l'autorise.

Article 480.

Pourra, selon les circonstances, être prononcée la peine d'emprisonnement pendant cinq jours au plus :

1° Contre ceux qui auront occasionné la mort ou la blessure des animaux ou bestiaux appartenant à autrui, dans les cas prévus par le n° 3 du précédent article; 2° contre les possesseurs de faux poids et de fausses mesures; 3° contre ceux qui emploient des poids ou des mesures différents de ceux que la loi en vigueur a établis; contre les boulangers et bouchers, dans les cas prévus par le paragraphe 6 de l'article précédent; 4° contre les interprètes de songes; 5° contre les auteurs ou complices de bruits ou tapages injurieux ou nocturnes.

Article 481.

Seront de plus saisis et confisqués : 1° les faux poids, les fausses mesures, ainsi que les poids et les mesures différents de ceux que la loi a établis; 2° les instruments, ustensiles ou costumes servant ou destinés à l'exercice du métier de devin, pronostiqueur, ou interprète de songes.

Article 482.

La peine d'emprisonnement pendant cinq jours aura toujours lieu, pour récidive, contre les personnes et dans les cas mentionnés en l'article 479.

Dispositions communes aux trois sections ci-dessus.

Article 483.

Il y a récidive dans tous les cas prévus par le présent livre, lorsqu'il a été rendu contre le contrevenant, dans les douze mois précédents, un premier jugement pour contravention de police commise dans le ressort du même tribunal.

L'article 463 du présent Code sera applicable à toutes les contraventions ci-dessus indiquées.

Dispositions générales.

Article 484.

Dans toutes les matières qui n'ont pas été réglées par le présent Code et qui sont régies par des lois et règlements particuliers, les cours et tribunaux continueront à les observer.

. . . .
. . . .

CODE FORESTIER.

. . . .
Article 70.
Les usagers ne pourront jouir de leurs droits de pâturage et de panage que pour les bestiaux à leur propre usage, et non pour ceux dont ils font commerce, à peine d'une amende double de celle qui est prononcée par l'article 199.

. . . .
Article 72.
Le troupeau de chaque commune ou section de commune devra être conduit par un ou plusieurs pâtres communs, choisis par l'autorité municipale ; en conséquence, les habitants des communes usagères ne pourront ni conduire eux-mêmes ni faire conduire leurs bestiaux à garde séparée, sous peine de deux francs d'amende par tête de bétail.

Les porcs ou bestiaux de chaque commune ou section de commune usagère formeront un troupeau particulier et sans mélange de bestiaux d'une autre commune ou section, sous peine d'une amende de cinq à dix francs contre le pâtre, et d'un emprisonnement de cinq à dix jours en cas de récidive.

Les communes et sections de commune seront responsables des condamnations pécuniaires qui pourront être prononcées contre lesdits pâtres ou gardiens, tant pour les délits et contraventions prévus par le présent titre, que pour tous autres délits forestiers commis par eux pendant le temps de leur service et dans les limites du parcours.

. . . .

Article 73.
Les porcs et bestiaux seront marqués d'une marque spéciale.

Cette marque devra être différente pour chaque commune ou section de commune usagère.

Il y aura lieu, par chaque tête de porc ou de bétail non marqué, à une amende de trois francs.

. . . .
Article 75.
Les usagers mettront des clochettes au cou de tous les animaux admis au pâturage, sous peine de deux francs d'amende par chaque bête qui serait trouvée sans clochette dans les forêts.

. . . .
Article 77.
Si les usagers introduisent au pâturage un plus grand nombre de bestiaux ou au panage un plus grand nombre de porcs que celui qui aura été fixé par l'administration conformément à l'article 68, il y aura lieu, pour l'excédant, à l'application des peines prononcées par l'article 199.

Article 78.
Il est défendu à tous usagers, nonobstant tous titres et possessions contraires, de conduire ou faire conduire des chèvres, brebis ou moutons dans les forêts ou sur les terrains qui en dépendent, à peine, contre les propriétaires, d'une amende qui sera double de celle qui est prononcée par l'article 199, et contre les pâtres ou bergers, de quinze francs d'amende. En cas de récidive, le pâtre sera condamné,

outre l'amende, à un emprisonnement de cinq à quinze jours.

Ceux qui prétendraient avoir joui du pacage ci-dessus en vertu de titres valables ou d'une possession équivalente à titre, pourront, s'il y a lieu, réclamer une indemnité qui sera réglée de gré·à gré, ou, en cas de contestation, par les tribunaux.

Le pacage des moutons pourra néanmoins être autorisé, dans certaines localités, par les ordonnances du Roi.

. . . .

Article 80.

Ceux qui n'ont d'autre dioit que celui de prendre le bois mort, sec et gisant, ne pourront, pour l'exercice de ce droit, se servir de ·crochets ou ferrements d'aucune espèce, sous peine de trois francs d'amende.

. . . .

Article 110.

Dans aucun cas et sous aucun prétexte, les habitants des communes et les administrateurs ou employés des établissements publics ne peuvent introduire ni faire introduire dans les bois appartenant à ces communes ou établissements publics, des chèvres, brebis ou moutons, sous les peines prononcées par l'article 199 contre ceux qui auraient introduit ou permis d'introduire ces animaux, et par l'article 78 contre les pâtres ou gardiens. Cette prohibition n'aura son exécution que dans deux ans, à compter du jour de la publication de la présente loi, dans les bois où, nonobstant les dispositions de l'ordonnance de 1669, le pâturage des moutons a été toléré jusqu'à présent.

Toutefois le pacage des brebis ou moutons pourra être autorisé, dans certaines localités, par des ordonnances spéciales de Sa Majesté.

. . . .

Article 120.

Toutes les dispositions contenues dans les articles 64, 66 § 1er, 70, 72, 73, 75, 76, 78 §§ 1er et 2, 79, 80, 83 et 85 de la présente loi, sont applicables à l'exercice des droits d'usage dans les bois des particuliers, lesquels y exercent, à cet effet, les mêmes droits et la même surveillance que les agents du gouvernement dans les forêts soumises au régime forestier.

. . . .

Dispositions applicables à tous les bois et forêts en général.

Article 144.

Toute extraction ou enlèvement non autorisé de pierres, sable, minerai, terre ou gazon, tourbe, bruyères, genêts, herbages, feuilles vertes ou mortes, engrais existant sur le sol des forêts, glands, faînes, et autres fruits ou semences des bois et forêts, donnera lieu à des amendes qui seront fixées ainsi qu'il suit :

Par charretée ou tombereau, de dix à trente francs, pour chaque bête attelée ;

Par chaque charge de bête de somme, de cinq à quinze francs ;

Par chaque charge d'homme, de deux à six francs.

Il pourra, en outre, être prononcé un emprisonnement de trois jours au plus.

Article 145.

Il n'est point dérogé aux droits conférés à l'administration des ponts et chaussées d'indiquer les lieux où doivent être faites les extractions de matériaux pour les travaux publics ; néanmoins les entrepreneurs seront tenus envers l'Etat, les communes et établissements publics, comme envers les particuliers, de payer toutes les indemnités de droit, et d'observer toutes les formes prescrites par les lois et règlements en cette matière.

Article 146.

Quiconque sera trouvé dans les bois et forêts, hors des routes et chemins ordinaires, avec serpes, cognées, haches, scies et autres instruments de même nature, sera condamné à une amende de dix francs et à la confiscation desdits instruments.

Article 147.

Ceux dont les voitures, bestiaux, animaux de charge ou de monture, seront trouvés dans les forêts, hors des routes et chemins ordinaires, seront condamnés, savoir :

Par chaque voiture à une amende de dix francs pour les bois de dix ans et au-dessus, et de vingt francs pour les bois au-dessous de cet âge;

Par chaque tête ou espèce de bestiaux non attelés, aux amendes fixées pour délit de pâturage par l'article 199.

Le tout sans préjudice des dommages-intérêts.

. . . .

Article 150.

Les propriétaires riverains des bois et forêts ne peuvent se prévaloir de l'article 672 du Code civil pour l'élagage des lisières desdits bois et forêts, si ces arbres de lisière ont plus de trente ans.

Tout élagage qui serait exécuté sans l'autorisation des propriétaires des bois et forêts, donnera lieu à l'application des peines portées par l'article 196.

. . . .

Article 171.

Toutes les actions et poursuites exercées au nom de l'administration générale des forêts, et à la requête de ses agents, en réparation de délits ou contraventions en matière forestière, sont portées devant les tribunaux correctionnels, lesquels sont seuls compétents pour en connaître. — V. *aussi article 179 C. Inst. cr.*

. . . .

Des peines et condamnations pour tous les bois et forêts en général.

Article 192.

La coupe ou l'enlèvement d'arbres ayant deux décimètres de tour et au-dessus donnera lieu à des amendes qui seront déterminées dans les proportions suivantes, d'après l'essence et la circonférence des arbres.

Les arbres sont divisés en deux classes.

La première comprend les chênes, hêtres, charmes, ormes, frênes, érables, platanes, pins, sapins, mélèzes, châtaigniers, aliziers, noyers, sorbiers, cormiers, merisiers et autres arbres fruitiers.

La seconde se compose des aulnes, tilleuls, bouleaux, trembles, peupliers, saules, et de toutes les espèces non comprises dans la première classe.

Si les arbres de la première classe ont deux décimètres de tour, l'amende sera d'un franc par chacun de ces deux décimètres, et s'accroîtra ensuite progressivement de dix centimes par chacun des autres décimètres.

Si les arbres de la seconde classe ont deux décimètres de tour, l'amende sera de cinquante centimes par chacun de ces deux décimètres, et s'accroîtra ensuite progressivement de cinq centimes par chacun des autres décimètres, le tout conformément au tableau annexé à la présente loi.

La circonférence sera mesurée à un mètre du sol.

Il pourra, en outre, être prononcé un emprisonnement de cinq jours au plus, si l'amende n'excède pas quinze francs, et de deux mois au plus, si l'amende est supérieure à cette somme.

Tarif des amendes à prononcer par arbre, d'après sa grosseur et son essence.

ARBRES DE PREMIÈRE CLASSE.			ARBRES DE DEUXIÈME CLASSE.		
CIRCON-FÉRENCE.	AMENDE par décimètre.	AMENDE par arbre.	CIRCON-FÉRENCE.	AMENDE par décimètre.	AMENDE par arbre.
Décimètres.	fr. c.	fr. c.	Décimètres.	fr. c.	fr. c.
1	» »	» »	1	» »	» »
2	1 »	2 »	2	0 50	1 »
3	1 10	3 30	3	0 55	1 65
4	1 20	4 80	4	0 60	2 40
5	1 30	6 50	5	0 65	3 25
6	1 40	8 40	6	0 70	4 20
7	1 50	10 50	7	0 75	5 25
8	1 60	12 80	8	0 80	6 40
9	1 70	15 30	9	0 85	7 65
10	1 80	18 »	10	0 90	9 »
11	1 90	20 90	11	0 95	10 45
12	2 »	24 »	12	1 »	12 »
13	2 10	27 30	13	1 05	13 65
14	2 20	30 80	14	1 10	15 40
15	2 30	34 50	15	1 15	17 25
16	2 40	38 40	16	1 20	19 20
17	2 50	42 50	17	1 25	21 25
18	2 60	46 80	18	1 30	23 40
19	2 70	51 30	19	1 35	25 65
20	2 80	56 »	20	1 40	28 »
21	2 90	60 90	21	1 45	30 45
22	3 »	66 »	22	1 50	33 »
23	3 10	71 30	23	1 55	35 65
24	3 20	76 80	24	1 60	38 40
25	3 30	82 50	25	1 65	41 25
26	3 40	88 40	26	1 70	44 20
27	3 50	94 50	27	1 75	47 25
28	3 60	100 80	28	1 80	50 40
29	3 70	107 30	29	1 85	53 65
30	3 80	114 »	30	1 90	57 »
31	3 90	120 90	31	1 95	60 45
32	4 »	128 »	32	2 »	64 »

Article 193.

Si les arbres auxquels s'applique le tarif établi par l'article précédent ont été enlevés et façonnés, le tour en sera mesuré sur la souche ; et si la souche a été également enlevée, le tour sera calculé dans la proportion d'un cinquième en sus de la dimension totale des quatre faces de l'arbre équarri.

Lorsque l'arbre et la souche auront disparu, l'amende sera calculée selon la grosseur de l'arbre arbitrée par le tribunal, d'après les documents du procès.

Article 194.

L'amende pour coupe ou enlèvement de bois qui n'auront pas deux décimètres de tour, sera, pour chaque charretée, de dix francs par bête attelée, de cinq francs par chaque charge de bête de somme, et de deux francs par fagot, fouée ou charge d'homme.

Il pourra, en outre, être prononcé un emprisonnement de cinq jours au plus.

S'il s'agit d'arbres semés ou plantés dans les forêts depuis moins de cinq ans, la peine sera d'une amende de trois francs par chaque arbre, quelle qu'en soit la grosseur, et, en outre, d'un emprisonnement d'un mois au plus.

. . . .

Article 196.

Ceux qui, dans les bois et forêts, auront éhouppé, écorcé ou mutilé des arbres, ou qui en auront coupé les principales branches, seront punis comme s'ils les avaient abattus par le pied.

Article 197.

Quiconque enlèvera des chablis et bois de délit sera condamné aux mêmes amendes et restitutions que s'il les avait abattus sur pied.

Article 198.

Dans le cas d'enlèvement fraudu-

leux de bois et d'autres productions du sol des forêts, il y aura toujours lieu, outre les amendes, à la restitution des objets enlevés ou de leur valeur, et de plus, selon les circonstances, à des dommages-intérêts.

Les scies, haches, serpes, cognées et autres instruments de même nature dont les délinquants et leurs complices seront trouvés munis, seront confisqués.

Article 199.

Les propriétaires d'animaux trouvés de jour en délit dans les bois de dix ans et au-dessus, seront condamnés à une amende de :

Un franc pour un cochon,

Deux francs pour une bête à laine,

Trois francs pour un cheval ou autre bête de somme,

Quatre francs pour une chèvre,

Cinq francs pour un bœuf, une vache ou un veau.

L'amende sera double si les bois ont moins de dix ans, sans préjudice, s'il y a lieu, des dommages-intérêts.

. . . .

. . . .

Article 201.

Dans les cas de récidive, la peine sera toujours doublée. Il y a récidive lorsque, dans les douze mois précédents, il a été rendu, contre le délinquant ou contrevenant, un premier jugement pour délit ou contravention en matière forestière.

Les peines seront également doublées lorsque les délits ou contraventions auront été commis la nuit, ou que les délinquants auront fait usage de la scie pour couper les arbres sur pied.

Article 202.

Dans tous les cas où il y aura lieu à adjuger des dommages-intérêts, ils ne pourront être inférieurs à l'amende simple prononcée par le jugement.

Article 203.

Les tribunaux ne pourront appliquer aux matières réglées par le présent Code les dispositions de l'article 463 du Code pénal.

. . . .

Article 206.

Les maris, pères, mères et tuteurs, et en général tous maîtres et commettants, seront civilement responsables des délits et contraventions commis par leurs femmes, enfants mineurs et pupilles, demeurant avec eux et non mariés, ouvriers, voituriers et autres subordonnés, sauf tout recours de droit.

Cette responsabilité sera réglée conformément au paragraphe dernier de l'article 1384 du Code civil, et s'étendra aux restitutions, dommages-intérêts et frais, sans pouvoir toutefois donner lieu à la contrainte par corps, ce n'est dans les cas prévus par l'article 46.

Article 213.

Néanmoins, les condamnés qui justifieraient de leur insolvabilité, suivant le mode prescrit par l'article 420 du Code d'instruction criminelle, seront mis en liberté après avoir subi quinze jours de détention, lorsque l'amende et les autres condamnations pécuniaires n'excéderont pas quinze francs.

La détention ne cessera qu'au bout d'un mois, lorsque ces contraventions s'élèveront ensemble de quinze à cinquante francs. Elle ne durera que deux mois, quelle que soit la quotité desdites condamnations.

En cas de récidive, la durée de la détention sera double de ce qu'elle eût été sans cette circonstance. (Voy. *Loi du 22 juillet 1867, article 10.*)

LOIS DIVERSES

APPLICABLES AUX CONTRAVENTIONS DE SIMPLE POLICE.

ABREUVOIRS.

Ordonnance royale du 27 avril 1782.

S. M. étant informée des difficultés que quelques maîtres de poste éprouvent dans la fixation du nombre des chevaux que peut conduire chaque postillon, soit aux abreuvoirs, dans les lieux de leur domicile, soit en revenant de course et voulant prévenir toute contestation à cet égard,

Ordonne que chaque postillon revenant de course pourra ramener avec lui six chevaux ainsi qu'il est fixé par l'ordonnance du 28 novembre 1756; ordonne en outre S. M. que les maîtres de poste ne pourront à leur station de poste faire conduire à l'abreuvoir, par un seul postillon, plus de quatre chevaux à peine de punition. . . . . ;

Ordonnance du 21 décembre 1787.

Il est fait défense de mener des chevaux et bestiaux aux abreuvoirs pendant la nuit;

Aux femmes de les y conduire dans aucun temps;

Aux enfants, domestiques ou autres au-dessous de dix-huit ans;

Ils ne peuvent en conduire plus de deux à la fois, l'un de monture et l'autre à la main . . . .

. . . .

. . . .

AFFICHES.

Loi des 18-25 juillet 1866.

. . . .

Article 4.

A partir du 1er janvier 1867, le droit de timbre du papier des affiches est fixé de la manière suivante :

Par feuille de douze décimètres et demi carrés et au-dessous . . 0.05

Au-dessus de douze décimètres et demi jusqu'à vingt-cinq décimètres carrés. 0.10

Au-dessus de vingt-cinq décimètres jusqu'à cinquante décimètres carrés. 0.15

Au delà de cette dernière dimension. 0.20

Dans le cas où une affiche contiendrait plusieurs annonces distinctes, le maximum ci-dessus fixé sera toujours exigible. Ce maximum sera doublé si l'affiche contient plus de cinq annonces.

Les affiches peuvent être imprimées sur papier non timbré, pourvu que le timbre y soit apposé avant l'affichage.

Néanmoins sont maintenues, en cas de contraventions aux paragraphes qui précèdent, les amendes et pénalités édictées par l'article 69 de la loi du 28 avril 1816, modifiée par l'article 10 de la loi du 16 juin 1824.

. . . .

Loi du 28 *avril* 1816.

. . . .
Article 68.
Il est défendu aux imprimeurs de tirer aucun exemplaire desdites annonces, affiches ou avis, sur papier non timbré, sous prétexte de les faire frapper d'un timbre extraordinaire. Une ordonnance déterminera l'époque à laquelle l'approvisionnement de la régie permettra de faire exécuter le présent article.
Article 69.
La contravention d'un imprimeur à ces dispositions sera punie d'une amende de cinq cents francs, sans préjudice du droit de Sa Majesté de lui retirer sa commission. — Ceux qui seront convaincus d'avoir ainsi fait afficher et distribuer des imprimés non timbrés, seront condamnés à une amende de cent francs. — Les afficheurs et distributeurs seront, en outre, condamnés aux peines de simple police, déterminées par l'article 474 du Code pénal. — L'amende sera solidaire, et emportera contrainte par corps.

. . . .

Loi du 16 *juin* 1824.

. . . .
Article 10.
Les amendes progressives prononcées, dans certains cas, contre les fonctionnaires publics et les officiers ministériels, par les lois sur l'enregistrement et le dépôt des répertoires, sont réduites à une seule amende de dix francs, quelle que soit la durée du retard. — Toutes les amendes fixes prononcées par les lois sur l'enregistrement, le timbre, les ventes publiques de meubles et le notariat, ainsi que celles résultant du défaut de mention des patentes dans les actes et du défaut de consignation des amendes d'appel, sont réduites, savoir : celles de cinq cents francs, à cinquante francs; celles de cent francs, à vingt francs; celles de cinquante francs, à dix francs; et toutes celles au-dessous de cinquante francs, à cinq francs.

. . . .

V. aussi la loi du 29 juillet 1881 sur la Presse, page 69.

ALCOOMÈTRE.

Loi du 7 juillet 1881 qui rend exclusivement obligatoire l'alcoomètre centésimal de Gay-Lussac.

Article 1er.
A partir d'un an après la promulgation de la présente loi, il ne pourra, soit dans les opérations de l'administration, soit dans les transactions privées, être fait usage que de l'al-

coomètre centésimal de Gay-Lussac pour la constatation du degré des alcools et eaux-de-vie.

Article 2.

Les alcoomètres centésimaux et les thermomètres nécessaires à leur usage ne pourront, à partir de la même époque, être mis en vente ni employés s'ils n'ont été soumis à une vérification préalable et s'ils ne sont munis d'un signe constatant l'accomplissement de cette formalité. Ils seront soumis aux vérifications périodiques exigées pour les poids et mesures.

Article 3.

Tout patenté faisant le commerce des alcools en gros et en demi-gros est tenu d'avoir un alcoomètre de Gay-Lussac et un thermomètre vérifiés.

Article 4.

Un règlement d'administration publique fixera le mode de cette vérification, les droits à percevoir à ce sujet, et les mesures nécessaires pour assurer l'exécution de la présente loi.

Article 5.

Les contraventions à la présente loi et au règlement d'administration publique seront punies des peines portées en l'article 479 du Code pénal.

Loi du 28 juillet 1883 relative à l'emploi de l'alcoomètre centésimal de Gay-Lussac et qui fixe au 1ᵉʳ avril 1884 la mise en vigueur de la loi du 7 juillet 1881.

Article 1ᵉʳ.

L'article 2 de la loi du 7 juillet 1881, qui rend exclusivement obligatoire l'alcoomètre centésimal de *Gay-Lussac*, et le soumet à une vérification officielle, est remplacé par les dispositions suivantes :

Article 2.

« Les alcoomètres centésimaux et « les thermomètres nécessaires à leur « usage ne pourront désormais être « mis en vente ni employés, s'ils « n'ont été soumis à une vérification « préalable, et s'ils ne sont munis « d'un signe constatant l'accomplissement de cette formalité.

« Le ministre du Commerce pourra, « sur l'avis conforme du bureau national des poids et mesures, prescrire une nouvelle vérification générale ou partielle des alcoomètres « en circulation. »

Article 3.

Est prorogé jusqu'au 1ᵉʳ avril 1884 le délai fixé par la loi du 7 juillet 1882 pour la mise en vigueur de la loi du 7 juillet 1881, qui rend exclusivement obligatoire l'alcoomètre centésimal de *Gay-Lussac* et le soumet à une vérification officielle.

ANIMAUX DOMESTIQUES.

Loi des 15 mars, 13 juin, 2-9 juillet 1850, relative aux mauvais traitements exercés envers les animaux domestiques.

Article unique.

Seront punis d'une amende de cinq à quinze francs, et pourront l'être d'un à cinq jours de prison, ceux qui auront exercé publiquement et abusivement des mauvais traitements envers les animaux domestiques. — La peine de la prison sera toujours appliquée en cas de récidive. — L'article 463 du Code pénal sera toujours applicable.

APPRENTISSAGE.

Loi des 22 janvier, 3-22 février, 4 mars 1851, relative aux contrats d'apprentissage.

Des conditions du contrat.

Article 4.

Nul ne peut recevoir des apprentis mineurs, s'il n'est âgé de vingt et un ans au moins.

Article 5.

Aucun maître, s'il est célibataire ou en état de veuvage, ne peut loger, comme apprenties, des jeunes filles mineures.

Article 6.

Sont incapables de recevoir des apprentis : les individus qui ont subi une condamnation pour crime ; ceux qui ont été condamnés pour attentat aux mœurs ; ceux qui ont été condamnés à plus de trois mois d'emprisonnement pour les délits prévus par les articles 388, 401, 405, 406, 407, 408, 423 du Code pénal.

Article 7.

L'incapacité résultant de l'article 6 pourra être levée par le préfet, sur l'avis du maire, quand le condamné, après l'expiration de sa peine, aura résidé pendant trois ans dans la même commune. — A Paris, les incapacités seront levées par le préfet de police.

Devoirs des maîtres et des apprentis.

Article 8.

Le maître doit se conduire envers l'apprenti en bon père de famille, surveiller sa conduite et ses mœurs, soit dans la maison, soit au dehors, et avertir ses parents ou leurs représentants des fautes graves qu'il pourrait commettre ou des penchants vicieux qu'il pourrait manifester. —

Il doit aussi les prévenir, sans retard, en cas de maladie, d'absence, ou de tout fait de nature à motiver leur intervention. — Il n'emploiera l'apprenti, sauf conventions contraires, qu'aux travaux et services qui se rattachent à l'exercice de sa profession. Il ne l'emploiera jamais à ceux qui seraient insalubres ou au-dessus de ses forces.

Article 9.

La durée du travail effectif des apprentis âgés de moins de quatorze ans ne pourra dépasser dix heures par jour. — Pour les apprentis âgés de quatorze à seize ans, elle ne pourra dépasser douze heures. — Aucun travail de nuit ne peut être imposé aux apprentis âgés de moins de seize ans. — Est considéré comme travail de nuit tout travail fait entre neuf heures du soir et cinq heures du matin. — Les dimanches et jours de fêtes reconnues ou légales, les apprentis, dans aucun cas, ne peuvent être tenus, vis-à-vis de leur maître, à aucun travail de leur profession. — Dans le cas où l'apprenti serait obligé, par suite des conventions ou conformément à l'usage, de ranger l'atelier aux jours ci-dessus marqués, ce travail ne pourra se prolonger au delà de dix heures du matin. — Il ne pourra être dérogé aux dispositions contenues dans les trois premiers paragraphes du présent article que par un arrêté rendu par le préfet, sur l'avis du maire.

Article 10.

Si l'apprenti âgé de moins de seize ans ne sait pas lire, écrire et compter, ou s'il n'a pas encore terminé sa première éducation religieuse, le maître est tenu de lui laisser prendre, sur la journée de travail, le temps et la liberté nécessaires pour son instruction. — Néanmoins, ce temps ne pourra pas excéder deux heures par jour.

. . . .

Article 20.

Toute contravention aux articles 4, 5, 6, 9 et 10 de la présente loi sera poursuivie devant le tribunal de police et punie d'une amende de cinq à quinze francs. — Pour les contraventions aux articles 4, 5, 9 et 10, le tribunal de police pourra, dans le cas de récidive, prononcer, outre l'amende, un emprisonnement d'un à cinq jours. — En cas de récidive, la contravention à l'article 6 sera poursuivie devant les tribunaux correctionnels, et punie d'un emprisonnement de quinze jours à trois mois, sans préjudice d'une amende, qui pourra s'élever de cinquante francs à trois cents francs.

Article 21.

Les dispositions de l'article 463 du Code pénal sont applicables aux faits prévus par la présente loi.

. . . .

Loi des 19 *mai-3 juin* 1874, *sur le travail des enfants et des filles mineures employés dans l'industrie.*

. . . .

Article 30.

Les articles 2, 3, 4 et 5 de la présente loi sont applicables aux enfants placés en apprentissage et employés à un travail industriel. Les dispositions des articles 18 et 25 ci-dessus seront appliquées auxdits cas, en ce qu'elles modifient la juridiction et la quotité de l'amende indiquée au premier paragraphe de l'article 20 de la loi du 22 février 1851. Ladite loi continuera à recevoir son exécution dans ses autres prescriptions.

. . . .
. . . .

ATTROUPEMENTS.

Loi du 10 *avril* 1831 *contre les attroupements.*

Article 1er.

Toutes personnes qui formeront des attroupements sur les places ou sur la voie publique, seront tenues de se disperser à la première sommation des préfets, sous-préfets, maires, adjoints de maire, ou de tous magistrats et officiers civils chargés de la police judiciaire, autres que les gardes champêtres et gardes forestiers. — Si l'attroupement ne se disperse pas, les sommations seront renouvelées trois fois. Chacune d'elles sera précédée d'un roulement de tambour ou d'un son de trompe. Si les trois sommations sont demeurées inutiles, il pourra être fait emploi de la force, conformément à la loi du 3 août 1791. — Les maires et adjoints de la ville de Paris ont le droit de requérir la force publique et de faire les sommations. — Les magistrats chargés de faire lesdites sommations seront décorés d'une écharpe tricolore.

Article 2.

Les personnes qui, après la première des sommations prescrites par le second paragraphe de l'article précédent, continueront à faire partie d'un attroupement, pourront être arrêtées, et seront traduites sans délai devant les tribunaux de simple police, pour y être punies des peines portées au chapitre Ier du livre IV du Code pénal.

. . . .

BACS ET BATEAUX.

Loi du 6 frimaire an VI (26 nov. 1798), relative au régime, à la police et à l'administration des bacs et bateaux sur les fleuves, rivières et canaux navigables.

. . . .

Article 51.

Il est enjoint aux adjudicataires, mariniers et autres personnes employées au service des bacs, de se conformer aux dispositions de police administratives et de sûreté contenues dans la présente loi ou qui pourraient leur être imposées par le Directoire et les administrations pour son exécution, à peine d'être responsables, en leur propre et privé nom, des suites de leur négligence, et, en outre, être condamnés pour chaque contravention, en une amende de la valeur de trois journées de travail; le tout à la diligence des commissaires du Directoire exécutif près les administrations centrales et municipales.

Article 52.

Il est expressément défendu aux adjudicataires mariniers et autres personnes employées au service des bacs et bateaux, d'exiger, dans aucun temps, autres et plus fortes sommes que celles portées aux tarifs, à peine d'être condamnés par le juge de paix du canton, soit sur la réquisition des parties plaignantes, soit sur celle des commissaires du Directoire, à la restitution des sommes indûment perçues, et en outre par forme de simple police, à une amende qui ne pourra être moindre de la valeur d'une journée de travail et d'un jour d'emprisonnement, ni excéder la valeur de trois jours de travail et de trois jours d'emprisonnement : le jugement de condamnation sera imprimé et affiché aux frais du contrevenant.

En cas de récidive, la condamnation sera prononcée par le tribunal de police correctionnelle, conformément à l'article 607 du Code des délits et des peines.

. . . .

Article 54.

Les adjudicataires seront, dans tous les cas, civilement responsables des restitutions, dommages et intérêts, amendes et condamnations pécuniaires prononcées contre leurs préposés et mariniers.

Article 56.

Toute personne qui se soustrairait au paiement des sommes portées auxdits tarifs, sera condamnée par le juge de paix du canton, outre la restitution des droits, à une amende qui ne pourra être moindre de la valeur d'une journée de travail, ni excéder trois jours.

En cas de récidive, le juge de paix prononcera, outre l'amende, un emprisonnement qui ne pourra être moindre d'un jour, ni être de plus de trois ; et l'affiche du jugement sera aux frais du contrevenant.

. . . .

Article 58.

Toute personne qui aura aidé ou

favorisé la fraude, ou concouru à des contraventions aux lois sur la police des bacs sera condamnée aux mêmes peines que les auteurs des fraudes ou contraventions.

. . . .

BALISES, BOUÉES, FEUX FLOTTANT.

Loi du 27 mars 1882 ayant pour objet la protection du balisage dans les eaux maritimes.

Article 1er.

Il est défendu à tout capitaine, maître ou patron d'un navire, bateau ou embarcation, de s'amarrer sur un feu flottant, sur une balise ou sur une bouée qui ne serait pas destinée à cet usage.

Il est également défendu de jeter l'ancre dans le cercle d'évitage d'un feu flottant ou d'une bouée.

Ces interdictions ne s'appliquent pas au cas où le navire, bateau ou embarcation serait en danger de perdition.

Article 2.

Toute contravention aux prescriptions de l'article précédent est punie d'une amende de dix francs à quinze francs inclusivement.

Le contrevenant pourra, en outre, être condamné à la peine de l'emprisonnement pendant cinq jours au plus.

. . . .

Article 10.

Les procès-verbaux sont remis ou envoyés soit directement, soit par l'intermédiaire de l'officier ou du maître de port le plus rapproché, à l'ingénieur des ponts et chaussées chargé du service maritime.

Les poursuites ont lieu, soit à la diligence de l'ingénieur du service maritime, qui a le droit, dans ce dernier cas, d'exposer l'affaire devant le tribunal et d'être entendu à l'appui de ses conclusions. — L'affaire est portée, suivant la nature de l'infraction poursuivie, devant le tribunal de police ou devant le tribunal correctionnel du port le plus voisin du lieu où l'infraction a été commise, ou devant le tribunal du port français dans lequel le navire peut être trouvé, ou enfin du port auquel appartient le navire français.

BROCANTEURS ET FRIPIERS.

Déclaration du 29 mars 1778 portant règlement pour les fripiers-brocanteurs.

Article 1er.

Tous ceux ou celles qui voudront à l'avenir exercer la profession de fripier-brocanteur seront tenus, conformément à l'article 2 de notre édit du mois d'août 1776 et de notre déclaration du 19 décembre suivant, de se faire préalablement inscrire, tant sur les livres de la police que sur ceux tenus par le syndic de ladite profession, à peine de confiscation de leurs marchandises, de tels dommages et intérêts qu'il appartiendra, et de dix livres d'amende envers nous.

Article 2.

Il sera délivré par le lieutenant général de police, à chacun d'eux, une plaque ou médaille de cuivre numérotée, duquel numéro mention sera faite dans les certificats d'enregistrement, laquelle médaille ils seront tenus de porter sur eux et en évidence tant qu'ils exerceront ladite profession, sans pouvoir la céder, ni même prêter à aucun autre, sous peine de dix livres d'amende, et d'être déchu de leurs droits et privés de ladite médaille.

Article 3.

Chaque brocanteur sera tenu de déposer, pour sûreté de la valeur de ladite médaille, entre les mains de celui qui sera préposé par le lieutenant général de police, la somme de six livres, laquelle lui sera restituée, sans aucun frais, en rapportant ladite médaille.

. . . .

Article 5.

Les fripiers-brocanteurs pourront acheter et vendre librement dans les rues, halles et marchés toutes sortes de marchandises de friperie, meubles et ustensiles de hasard, qu'ils porteront sur leurs bras, sans qu'ils puissent les déposer ni étaler en place fixe ; le tout sous les peines portées en l'article 2.

Article 6.

Exceptons des marchandises que lesdits brocanteurs auront la faculté de vendre, celles qui seront neuves, quoique achetées de hasard, les armes offensives et défensives, et enfin les matières d'or et d'argent, sauf les vieux galons ou vieilles hardes brodées ou tissus d'or et d'argent, qu'ils pourront acheter et revendre.

Article 7.

Défendons pareillement auxdits fripiers-brocanteurs, sous les peines portées en l'article 2, de tenir boutique, échoppe ou magasin des marchandises qu'ils ont la faculté d'acheter et revendre, ni même d'en faire commerce dans le lieu de leur domicile ou ailleurs que dans les rues, halles et marchés ; leur permettons néanmoins de reporter chez eux les marchandises qu'ils n'auront pas pu vendre dans la journée, même de les raccommoder, sans néanmoins pouvoir employer aucuns ouvriers ni compagnons, autres que leurs femmes et enfants.

BUREAUX DE PLACEMENT.

Décret des 25 mars-6 avril 1852 sur les bureaux de placement.

Article 1er.

A l'avenir, nul ne pourra tenir un bureau de placement, sous quelque titre et pour quelques professions, places ou emplois que ce soit, sans une permission spéciale délivrée par l'autorité municipale, et qui ne pourra être accordée qu'à des personnes d'une moralité reconnue.

Les possesseurs actuels de bureaux de placement ont un délai de trois mois pour se pourvoir de ladite permission.

Article 2.

La demande afin de permission doit contenir les conditions auxquelles le requérant se propose d'exercer son industrie.

Il est tenu de se conformer à ces conditions, et aux dispositions réglementaires qui seraient prises en vertu de l'article 3.

Article 3.

L'autorité municipale surveille les bureaux de placement pour y assurer le maintien de l'ordre et la loyauté de la gestion.

Elle prend les arrêtés nécessaires à cet effet et règle le tarif des droits qui pourront être perçus par le gérant.

Article 4.

Toute contravention à l'article 1ᵉʳ, au second paragraphe de l'article 2 ou aux règlements faits en vertu de l'article 3, sera punie d'une amende de 1 franc à 15 francs et d'un emprisonnement de cinq jours au plus, ou de l'une de ces deux peines seulement.

Le maximum des deux peines sera toujours appliqué au contrevenant lorsqu'il aura été prononcé contre lui, dans les douze mois précédents, une première condamnation pour contravention au présent décret ou aux règlements de police précités.

Ces peines sont indépendantes des restitutions et dommages-intérêts auxquels pourraient donner lieu les faits imputables au gérant.

L'article 463 du Code pénal est applicable aux contraventions indiquées ci-dessus.

. . . .

COLOMBIERS.

Décret des 4-11 août 1789.

Article 2.

. . . .

Le droit exclusif des fuies et colombiers est aboli ; les pigeons seront enfermés aux époques fixées par les communautés ; et, durant ce temps ils seront regardés comme gibier, et chacun aura le droit de les tuer sur son terrain.

. . . .

Loi du 4 avril 1889.

. . . .

Article 4.

Celui dont les volailles passent sur la propriété voisine et y causent des dommages, est tenu de réparer ces dommages. Celui qui les a soufferts peut même tuer les volailles, mais seulement sur le lieu, au moment du dégât, et sans pouvoir se les approprier.

. . . .

Article 6.

Les préfets, après avis des conseils généraux, déterminent chaque année, pour tout le département, ou séparément pour chaque commune, s'il y a lieu, l'époque de l'ouverture et de la clôture des colombiers.

Article 7.

Pendant le temps de la clôture des colombiers, les propriétaires et les fermiers peuvent tuer et s'approprier les pigeons qui seraient trouvés sur leurs fonds, indépendamment des dommages-intérêts et des peines de police encourues par les propriétaires des pigeons.

En tout autre temps, les propriétaires et fermiers peuvent exercer à l'occasion des pigeons trouvés sur leurs fonds, les droits déterminés par l'article 4 ci-dessus.

. . . .

. . . .

DENSIMÈTRES.

Loi du 6 juin 1889, tendant à rendre obligatoire la vérification et le poinçonnage par l'État, des densimètres employés dans les fabriques de sucre pour contrôler la richesse de la betterave.

Article 1er.

Dans les trois mois qui suivront la promulgation de la présente loi, tous les densimètres employés dans les fabriques de sucre pour constater la richesse de la betterave devront être soumis à la vérification et au contrôle de l'État et muni d'un poinçon constatant l'accomplissement de cette formalité.

Article 2.

Un règlement d'administration publique indiquera le type adopté, fixera le mode de vérification, les droits à percevoir pour le poinçonnage et les mesures nécessaires pour assurer l'exécution de la présente loi.

Article 3.

Les contraventions à la présente loi et au règlement d'administration publique qui en découle seront punies des peines portées en l'article 479 du Code pénal.

ENFANTS DU PREMIER AGE (Protection des).

Loi du 23 décembre 1874 relative à la protection des enfants du premier âge.

. . . .

Article 6.

Sont soumis à la surveillance instituée par la présente loi : toute personne ayant un nourrisson ou un ou plusieurs enfants en sevrage ou en garde placés chez elle, moyennant salaire; les bureaux de placement et tous les intermédiaires qui s'emploient au placement des enfants en nourrice, en sevrage ou en garde. — Le refus de recevoir la visite du médecin inspecteur, du maire de la commune ou de toutes autres personnes déléguées ou autorisées en vertu de la présente loi, est puni d'une amende de 5 à 15 francs. — Un emprisonnement de 1 à 5 jours peut être prononcé si le refus dont il s'agit est accompagné d'injures ou de violences.

. . . .

Article 11.

Nul ne peut ouvrir ou diriger un bureau de nourrices, ni exercer la profession d'intermédiaire pour le placement des enfants en nourrice, en sevrage ou en garde et le louage des nourrices, sans en avoir obtenu l'autorisation préalable du préfet de police dans le département de la Seine, ou du préfet dans les autres départements. — Toute personne qui exerce sans autorisation l'une ou l'autre de ces professions ou qui néglige de se conformer aux conditions de l'autorisation ou aux prescriptions des règlements, est punie d'une amende de 16 à 100 francs. En cas de récidive, la peine d'emprisonnement prévue par l'article 480 du Code pénal peut être prononcée. — Ces mêmes peines sont applicables à toute sage-femme et à tout autre intermédiaire qui entreprend, sans autorisation, de placer des enfants en nourrice, en sevrage ou en garde. — Si, par suite de la contravention, ou par suite d'une négligence de la part d'une nourrice ou d'une gardeuse, il est résulté un dommage pour la santé d'un ou de plusieurs enfants, la peine d'emprisonnement de un à cinq jours peut être prononcée. — En cas de décès d'un enfant, l'application des peines portées à l'article 319 du Code pénal peut être prononcée.

. . . .

Article 13.

En dehors des pénalités spécifiées dans les articles précédents, toute infraction aux dispositions de la présente loi et des règlements d'administration publique qui s'y rattachent, est punie d'une amende de 5 à 15 francs. — Sont applicables à tous les cas prévus par la présente loi le dernier paragraphe de l'article 463 du Code pénal et les articles 482, 483 du même Code.

. . . .

. . . .

ENFANTS MALTRAITÉS ou moralement abandonnés (Protection des).

Loi du 24 juillet 1889 sur la protection des enfants maltraités ou moralement abandonnés.

. . . .

Article 19

Lorsque des administrateurs d'assistance publique, des associations de bienfaisance régulièrement autorisées à cet effet, des particuliers jouissant de leurs droits civils ont recueilli des enfants mineurs de seize ans sans l'intervention des père, mère ou tuteur, une déclaration doit être faite dans les trois jours au maire de la commune sur le territoire de laquelle l'enfant a été recueilli, et à Paris, au commissariat de police, à peine d'une amende de cinq à quinze francs.

En cas de nouvelle infraction dans les douze mois, l'article 482 du Code pénal est applicable.

Est également applicable aux cas prévus par la présente loi le dernier paragraphe de l'article 463 du même Code.

Les maires et les commissaires de police doivent, dans le délai de quinzaine, transmettre cette déclaration au préfet et dans le département de la Seine, au préfet de police. Ces déclarations doivent être notifiées dans un délai de quinzaine aux parents de l'enfant.

. . . .

ENGRAIS.

Loi du 4 février 1888 concernant la répression des fraudes dans le commerce des engrais.

. . . .

Article 3.

Seront punis d'une amende de onze à quinze francs inclusivement ceux qui, au moment de la livraison, n'auront pas fait connaître à l'acheteur, dans les conditions indiquées à l'article 4 de la présente loi, la provenance naturelle ou industrielle de l'engrais ou de l'amendement vendu et sa teneur en principes fertilisants.

En cas de rédicive dans les trois ans, la peine de l'emprisonnement pendant cinq jours au plus pourra être appliquée.

Article 4.

Les indications dont il est parlé à l'article 3 seront fournies, soit dans le contrat même, soit dans le double de commission délivré à l'acheteur au moment de la vente, soit dans la facture remise au moment de la livraison.

La teneur en principes fertilisants sera exprimée par les poids d'azote, d'acide phosphorique et de potasse contenus dans cent kilogrammes de marchandise facturée telle qu'elle est livrée, avec l'indication de la nature ou de l'état de combinaison de ces corps, suivant les prescriptions du règlement d'administration publique dont il est parlé à l'article 6.

Toutefois, lorsque la vente aura été faite avec stipulation du règlement du prix d'après l'analyse à faire sur échantillon prélevé au moment de la livraison, l'indication préalable de la teneur exacte ne sera pas obligatoire, mais mention devra être faite du prix du kilogramme de l'azote, de l'acide phosphorique et de la potasse contenus dans l'engrais, tel qu'il est livré, et de l'état de combinaison dans lequel se trou-

vent ces principes fertilisants. La justification de l'accomplissement des prescriptions qui précèdent sera fournie, s'il y a lieu, en l'absence de contrat préalable ou d'accusé de réception de l'acheteur, par la production, soit du copie de lettres du vendeur, soit de son livre de factures régulièrement tenu à jour et contenant l'énoncé prescrit par le présent article.

Article 5.

Les dispositions des articles 3 et 4 de la présente loi ne sont pas applicables à ceux qui auront vendu, sous leur dénomination usuelle, des fumiers, des matières fécales, des composts, des gadoues ou boues de ville, des déchets de marchés, des résidus de brasserie, des varechs et autres plantes marines pour engrais, des déchets frais d'abattoirs, de la marne, des faluns, de la tangue, des sables coquilliers, des chaux, des plâtres, des cendres ou des suies provenant des houilles ou autres combustibles.

. . . .

(V. décret du 10 mai 1889 portant règlement d'administration publique pour l'exécution de la loi du 4 février 1888, en ce qui concerne les procédés d'analyse et les mesures à prendre pour l'exécution de cette loi. — V. en outre les arrêtés du 19 juin 1889, désignant les chimistes-experts pour le prélèvement et l'analyse des échantillons et fixant le tarif des frais et honoraires d'expertise. — J. off., 22 juin 1889.)

ENSEIGNEMENT OBLIGATOIRE.

Loi du 28 mars 1882 sur l'enseignement primaire obligatoire.

. . . .

Article 12.

Lorsqu'un enfant se sera absenté de l'école quatre fois dans le mois, pendant au moins une demi-journée, sans justification admise par la commission municipale scolaire, le père, le tuteur ou la personne responsable sera invité, trois jours au moins à l'avance, à comparaître dans la salle des actes de la mairie, devant ladite commission, qui lui rappellera le texte de la loi et lui expliquera son devoir. En cas de non-comparution, sans justification admise, la commission appliquera la peine énoncée dans l'article suivant.

Article 13.

En cas de rédicive dans les douze mois qui suivront la première infraction, la commission municipale scolaire ordonnera l'inscription pendant quinze jours ou un mois, à la porte de la mairie, des nom, prénoms et qualités de la personne responsable, avec indication du fait relevé contre elle. La même peine sera appliquée aux personnes qui n'auront pas obtempéré aux prescriptions de l'article 9.

Article 14.

En cas d'une nouvelle rédicive, la commission scolaire, ou, à son défaut l'inspecteur primaire, devra adresser une plainte au juge de paix. L'infraction sera considérée comme une contravention et pourra entraîner condamnation aux peines de police, conformément aux articles 479, 480 et suivants du Code pénal. — L'article 463 du même Code est applicable.

. . . .
. . . .

ÉTRANGERS.

Décret du 2 octobre 1888, relatif aux étrangers résidant en France.

Article 1er.

Tout étranger non admis à domicile, qui se proposera d'établir sa résidence en France, devra, dans le délai de quinze jours à partir de son arrivée, faire à la mairie de la commune où il voudra fixer cette résidence une déclaration énonçant :

1° Ses nom et prénoms, ceux de ses père et mère;

2° Sa nationalité;

3° Le lieu et la date de sa naissance;

4° Le lieu de son dernier domicile;

5° Sa profession ou ses moyens d'existence;

6° Le nom, l'âge et la nationalité de sa femme et de ses enfants mineurs, lorsqu'il sera accompagné par eux.

Il devra produire toutes pièces justificatives à l'appui de sa déclaration. S'il n'est pas porteur de ces pièces, le maire pourra, avec l'approbation du préfet du département, lui accorder un délai pour se les procurer. Un récépissé de sa déclaration sera délivré gratuitement à l'intéressé.

Article 2.

Les déclarations seront faites, à Paris, au préfet de police, et à Lyon au préfet du Rhône.

Article 3.

En cas de changement de domicile, une nouvelle déclaration sera faite devant le maire de la commune où l'étranger aura fixé sa nouvelle résidence.

Article 4.

Il est accordé aux étrangers résidant actuellement en France et non admis à domicile un délai d'un mois pour se conformer aux prescriptions qui précèdent.

Article 5.

Les infractions aux formalités édictées par le présent décret seront punies des peines de simple police, sans préjudice du droit d'expulsion qui appartient au ministre de l'In-

térieur en vertu de la loi du 3 décembre 1849, article 7.

. . . .

INSECTES NUISIBLES.

Loi du 24 décembre 1888 concernant la destruction des insectes, des cryptogames et autres végétaux nuisibles à l'agriculture.

Article 1er.

Les préfets prescrivent les mesures nécessaires pour arrêter ou prévenir les dommages causés à l'agriculture par des insectes, des cryptogames ou autres végétaux nuisibles, lorsque ces dommages se produisent dans un ou plusieurs départements ou seulement dans une ou plusieurs communes et prennent ou peuvent prendre un caractère envahissant ou calamiteux.

L'arrêté ne sera pris par le préfet qu'après l'avis du Conseil général du département, à moins qu'il ne s'agisse de mesures urgentes et temporaires.

Il déterminera l'époque à laquelle il devra être procédé à l'exécution des mesures, les localités dans lesquelles elles seront applicables, ainsi que les modes spéciaux à employer.

Il n'est exécutoire, dans tous les cas, qu'après l'approbation du ministère de l'agriculture qui prend, sur les procédés à appliquer, l'avis d'une commission technique instituée par décret.

Article 2.

Les propriétaires, les fermiers, les colons ou métayers, ainsi que les usufruitiers et les usagers, sont tenus d'exécuter sur les immeubles qu'ils possèdent et cultivent, ou dont ils ont la jouissance et l'usage, les mesures prescrites par l'arrêté préfectoral. Toutefois, dans les bois et forêts, ces mesures ne sont applicables qu'à une lisière de trente mètres.

Ils doivent ouvrir leurs terrains pour permettre la vérification ou la destruction, à la réquisition des agents.

L'Etat, les communes et les établissements publics et privés sont astreints aux mêmes obligations sur les propriétés leur appartenant.

Article 3.

En cas d'inexécution dans les délais fixés, procès-verbal est dressé par le maire, l'adjoint, l'officier de gendarmerie, le commissaire de police, le garde forestier ou le garde champêtre, et le contrevenant est cité devant le juge de paix.

Les délais fixés par l'article 146 du Code d'instruction criminelle seront observés.

Le juge de paix pourra ordonner l'exécution provisoire de son jugement, nonobstant opposition ou appel sur minute et avant l'enregistrement.

La citation sera donnée par lettre recommandée ou par le garde champêtre.

Les parties pourront comparaître volontairement et sur un simple avertissement du juge de paix.

Article 4.

A défaut d'exécution dans le délai imparti par le jugement, il est procédé à l'exécution d'office, aux frais des contrevenants, par les soins du maire ou du commissaire de police.

Le recouvrement des dépenses ainsi faites est opéré par le percepteur en vertu de mandatements exécutoires, délivrés par les préfets, et conformément aux règles suivies en matière de contributions directes.

Article 5.

Les contraventions aux dispositions des articles 1 et 2 de la présente loi, sont punies d'une amende de 6 à 15 francs.

L'amende est doublée et la peine d'emprisonnement pendant cinq jours au plus peut même être prononcée, en cas de récidive, contre les contrevenants.

Article 6.

L'article 463 du Code pénal est applicable aux pénalités prononcées par la présente loi.

Article 7.

La loi du 28 ventôse an IV, est abrogée. Sont maintenues toutes les dispositions des lois et règlements concernant la destruction du phylloxera et celle du doriphora.

Article 8.

La présente loi est applicable aux départements de l'Algérie.

. . . .

. . . .

INSULTES, IRRÉVÉRENCES,

TROUBLES OU TUMULTES A L'AUDIENCE.

CODE DE PROCÉDURE CIVILE.

. . . .

Article 10.

Les parties seront tenues de s'expliquer avec modération devant le juge, et de garder en tout le respect qui est dû à la justice : si elles y manquent, le juge les y rappellera d'abord par un avertissement; en cas de rédicive, elles pourront être condamnées à une amende qui n'excédera pas la somme de dix francs, avec affiches du jugement, dont le nombre n'excédera pas celui des communes du canton.

Article 11.

Dans le cas d'insulte ou irrévérence grave envers le juge, il en dressera procès-verbal, et pourra condamner à un emprisonnement de trois jours au plus.

Article 12.

Les jugements, dans les cas prévus par les précédents articles, seront exécutoires par provision.

. . . .

. . . .

CODE D'INSTRUCTION CRIMINELLE.

. . . .

. . . .

Article 504.

Lorsqu'à l'audience ou en tout autre lieu où se fait publiquement une instruction judiciaire, l'un ou plusieurs des assistants donneront des signes publics soit d'approbation, soit d'improbation, ou exciteront du tumulte, de quelque manière que ce soit, le président ou le juge les fera expulser; s'ils résistent à ses ordres, ou s'ils rentrent, le président ou le juge ordonnera de les arrêter et conduire dans la maison d'arrêt : il sera fait mention de cet ordre dans le procès-verbal; et sur l'exhibition qui en sera faite au gardien de la maison d'arrêt, les perturbateurs y seront reçus et retenus pendant vingt-quatre heures.

Article 505.

Lorsque le tumulte aura été accompagné d'injures ou voies de fait donnant lieu à l'application ultérieure de peines correctionnelles ou de police, ces peines pourront être, séance tenante et immédiatement après que les faits auront été constatés, prononcées, savoir :

Celles de simple police, sans appel, de quelque tribunal ou juge qu'elles émanent ;

Et celles de police correctionnelle, à la charge de l'appel, si la condamnation a été portée par un tribunal sujet à appel, ou par un juge seul.

. . . . , . . .

IVRESSE PUBLIQUE.

Loi des 23 janvier-4 février 1873, tendant à réprimer l'ivresse publique.

Article 1er.

Seront punis d'une amende de un à cinq francs inclusivement ceux qui seront trouvés en état d'ivresse manifeste dans les rues, chemins, places, cafés, cabarets ou autres lieux publics. Les articles 474 et 483 du Code pénal seront applicables à la contravention indiquée au paragraphe précédent.

. . . .

Article 4.

Seront punis d'une amende de un à cinq francs inclusivement les cafetiers, cabaretiers et autres débitants qui auront donné à boire à des gens manifestement ivres, ou qui les auront reçus dans leurs établissements, ou auront servi des liqueurs alcooliques à des mineurs âgés de moins de seize ans accomplis. Toutefois, dans le cas où le débitant sera prévenu d'avoir servi des liqueurs alcooliques à un mineur âgé de moins de seize ans accomplis, il pourra prouver qu'il a été induit en erreur sur l'âge du mineur; s'il fait cette preuve, aucune peine ne lui sera applicable de ce chef. Les articles 474 et 483 du Code pénal seront applicables aux contraventions indiquées aux paragraphes précédents.

. . . .

Article 9.

L'article 463 du Code pénal sera applicable aux peines d'emprisonnement et d'amende portées par la présente loi. L'article 59 du même Code ne sera pas applicable aux délits prévus par la présente loi.

. . . .

Article 12.

Le texte de la présente loi sera affiché à la porte de toutes les mairies et dans la salle principale de tous cabarets, cafés et autres débits de boissons : un exemplaire en sera adressé à cet effet à tous les maires et à tous les cabaretiers, cafetiers et autres débitants de boissons. Toute personne qui aura détruit ou lacéré le texte affiché sera condamnée à une amende de un à cinq francs et aux frais du rétablissement de l'affiche. Sera puni de même tout cabaretier, cafetier ou débitant chez lequel ledit texte ne sera pas trouvé affiché.

. . . .

. . . .

JOURNAUX ET IMPRIMÉS.

Loi du 19 mars 1889 relative aux annonces sur la voie publique.

Article 1er.

Les journaux et tous les écrits ou imprimés distribués ou vendus dans les rues et lieux publics ne pourront être annoncés que par leur titre, leur prix, l'indication de leur opinion et les noms de leurs auteurs ou rédacteurs. Aucun titre obscène ou contenant des imputations, diffamations ou expressions injurieuses pour une ou plusieurs personnes ne pourra être annoncé sur la voie publique.

Article 2.

Les infractions aux dispositions qui précèdent seront punies d'une amende de 1 franc à 15 francs, et, en cas de rédicive, d'un emprisonnement de un jour à cinq jours. Toutefois, l'article 463 du Code pénal pourra toujours être appliqué.

LIVRETS D'OUVRIERS.

Loi des 22-26 juin 1854, sur les livrets d'ouvriers.

Article 1er.

Les ouvriers de l'un et de l'autre sexe attachés aux manufactures, fabriques, usines, mines, minières, carrières, chantiers, ateliers et autres établissements industriels, ou travaillant chez eux pour un ou plusieurs patrons, sont tenus de se munir d'un livret.

. . . . . : . . . .

Article 3.

Les chefs ou directeurs des établissements spécifiés en l'article 1er ne peuvent employer un ouvrier soumis à l'obligation prescrite par cet article, s'il n'est porteur d'un livret en règle.

Article 4.

Si l'ouvrier est attaché à l'établissement, le chef ou directeur doit, au moment où il le reçoit, inscrire sur son livret la date de son entrée. — Il transcrit sur un registre non timbré, qu'il doit tenir à cet effet, les nom et prénoms de l'ouvrier, le nom et le domicile du chef de l'établissement qui l'aura employé précédemment, et le montant des avances dont l'ouvrier serait resté débiteur envers celui-ci. — Il inscrit sur le livret, à la sortie de l'ouvrier, la date de la sortie et l'acquit des engagements. — Il y ajoute, s'il y a lieu, le montant des avances dont l'ouvrier resterait débiteur envers lui, dans les limites fixées par la loi du 14 mai 1851.

Article 5.

Si l'ouvrier travaille habituellement pour plusieurs patrons, chaque patron inscrit sur le livret le jour où il lui confie de l'ouvrage, et transcrit, sur le registre mentionné en l'article précédent, les nom et prénoms de l'ouvrier, et son domicile. — Lorsqu'il cesse d'employer l'ouvrier, il inscrit sur le livret l'acquit des engagements, sans aucune autre énonciation.

. . . .

Article 7.

Lorsque le chef ou directeur d'établissement ne peut remplir l'obligation déterminée au troisième paragraphe de l'article 4 et au deuxième paragraphe de l'article 5, le maire ou le commissaire de police, après avoir constaté la cause de l'empêchement, inscrit, sans frais, le congé d'acquit.

Article 8.

Dans tous les cas, il n'est fait sur le livret aucune annotation favorable ou défavorable à l'ouvrier.

. . . .

Article 10.

Des règlements d'administration publique déterminent tout ce qui concerne la forme, la délivrance, la tenue et le renouvellement des livrets. — Ils règlent la forme du registre prescrit par l'article 4, et les indications qu'il doit contenir.

Article 11.

Les contraventions aux articles 1, 3, 4, 5 et 8 de la présente loi sont poursuivies devant le tribunal de simple police, et punies d'une amende d'un à quinze francs, sans préjudice des dommages-intérêts, s'il y a lieu. Il peut, de plus, être prononcé, suivant les circonstances, un emprisonnement d'un à cinq jours.

Article 12.

Tout individu coupable d'avoir fabriqué un faux livret, ou falsifié un livret originairement véritable, ou fait sciemment usage d'un livret faux ou falsifié, est puni des peines portées en l'article 153 du Code pénal.

Article 13.

Tout ouvrier coupable de s'être fait délivrer un livret soit sous un faux nom, soit au moyen de fausses déclarations ou de faux certificats, ou d'avoir fait usage d'un livret qui ne lui appartient pas, est puni d'un emprisonnement de trois mois à un an.

Article 14.

L'article 463 du Code pénal peut être appliqué dans tous les cas prévus par les articles 12 et 13 de la présente loi.

. . . .

POIDS ET MESURES.

Loi du 4 juillet 1837, relative aux poids et mesures.

. . . .

Article 3.

A partir du 1er janvier 1840, tous poids et mesures autres que les poids et mesures établis par les lois des 18 germinal an III et 19 frimaire an VIII, constitutives du système métrique décimal, seront interdits sous les peines portées par l'article 479 du Code pénal.

Article 4.

Ceux qui auront des poids et mesures autres que les poids et mesures ci-dessus reconnus, dans leurs magasins, boutiques, ateliers ou maisons de commerce, ou dans les halles, foires ou marchés, seront punis comme ceux qui les emploieront, conformément à l'article 479 du Code pénal.

Article 5.

A compter de la même époque, toutes dénominations de poids et mesures autres que celles portées dans le tableau annexé à la présente loi, et établies par la loi du 18 germinal an III, sont interdits dans les actes publics, ainsi que dans les affiches et les annonces. — Elles sont également interdites dans les actes sous seing-privé, les registres de commerce et autres écritures privées produits en justice. — Les officiers publics contrevenants seront passibles d'une amende de vingt francs, qui sera recouvrée sur contrainte, comme en matière d'enregistrement. — L'amende sera de dix francs pour les autres contrevenants : elle sera perçue pour chaque acte ou écriture sous signature privée; quant aux registres de commerce, ils ne donneront lieu qu'à une seule amende pour chaque contestation dans laquelle ils seront produits.

. . . .

. . . .

POLICE MUNICIPALE.

Loi du 5 avril 1884, sur l'organisation municipale.

. . . .

Article 91.

Le maire est chargé, sous la surveillance de l'administration supérieure, de la police municipale, de la police rurale et de l'exécution des actes de l'autorité supérieure qui y sont relatifs.

Article 92.

Le maire est chargé sous l'autorité de l'administration supérieure : 1º De la publication et de l'exécution des lois et règlements; 2º De l'exécution des mesures de sûreté générale ; 3º Des fonctions spéciales qui lui sont attribuées par les lois.

Article 93.

Le maire ou, à son défaut, le sous-préfet pourvoit d'urgence à ce que toute personne décédée soit ensevelie et inhumée décemment, sans distinction de culte ni de croyance.

Article 94.

Le maire prend des arrêtés à l'effet : 1º D'ordonner les mesures locales sur les objets confiés par les lois à sa vigilance et à son autorité ; 2º De publier de nouveau les lois et les règlements de police et de rappeler les citoyens à leur observation.

Article 95.

Les arrêtés pris par le maire sont immédiatement adressés au sous-préfet ou, dans l'arrondissement du chef-lieu du département, au préfet.

Le préfet peut les annuler ou en suspendre l'exécution.

Ceux de ces arrêtés qui portent règlement permanent ne sont exécutoires qu'un mois après la remise de l'ampliation constatée par les récépissés délivrés par le sous-préfet ou le préfet.

Néanmoins, en cas d'urgence, le préfet peut en autoriser l'exécution immédiate.

Article 96.

Les arrêtés du maire ne sont obligatoires qu'après avoir été portés à la connaissance des intéressés, par voie de publications et affiches, toutes les fois qu'ils contiennent des dispositions générales, et, dans les autres cas, par voie de notification individuelle.

La publication est constatée par une déclaration certifiée par le maire.

La notification est établie par le récépissé de la partie intéressée ou à son défaut, par l'original de la notification conservé dans les archives de la mairie.

Les arrêtés, actes de publication et de notification sont inscrits à leur date sur le registre de la mairie.

Article 97.

La police municipale a pour objet d'assurer le bon ordre, la sûreté et la salubrité publiques. — Elle comprend notamment : 1º Tout ce qui intéresse la sûreté et la commodité du passage dans les rues, quais, places et voies publiques, ce qui comprend le nettoiement, l'éclairage, l'enlèvement des encombrements, la démolition ou la réparation des édifices menaçant ruine, l'interdiction de rien exposer aux fenêtres ou aux autres parties des édifices qui puisse nuire par sa chute ou celle de rien jeter qui puisse endommager les passants ou causer des exhalaisons nuisibles ; 2° Le soin de réprimer les atteintes à la tranquillité publique, telles que les rixes et disputes accompagnées d'ameutement dans les rues, le tumulte excité dans les lieux d'assemblée publique, les attroupements, les bruits et rassemblements nocturnes qui troublent le repos des habitants, et tous actes de nature à compromettre la tranquillité publique ; 3° Le maintien du bon ordre dans les endroits où il se fait de grands rassemblements d'hommes, tels que les foires, marchés, réjouissances et cérémonies publiques, spectacles, jeux, cafés, églises et autres lieux publics ; 4° Le mode de transport des personnes décédées, les inhumations et exhumations, le maintien du bon ordre et de la décence dans les cimetières, sans qu'il soit permis d'établir des distinctions ou des prescriptions particulières à raison des croyances ou du culte du défunt ou des circonstances qui ont accompagné sa mort ; 5° L'inspection sur la fidélité du débit des denrées qui se vendent au poids ou à la mesure, et sur la salubrité des comestibles exposés en vente ; 6° Le soin de prévenir, par des précautions convenables, et celui de faire cesser, par la distribution des secours nécessaires, les accidents et les fléaux calamiteux, tels que les incendies, les inondations, les maladies épidémiques ou contagieuses, les épizooties, en provoquant, s'il y a lieu, l'intervention de l'administration supérieure ; 7° Le soin de prendre provisoirement les mesures néces-

saires contre les aliénés dont l'état pourrait compromettre la morale publique, la sécurité des personnes ou la conservation des propriétés ; 8° Le soin d'obvier ou de remédier aux événements fâcheux qui pourraient être occasionnés par la divagation des animaux malfaisants ou féroces.

Article 98.

Le maire a la police des routes nationales et départementales et des voies de communication dans l'intérieur des agglomérations, mais seulement en ce qui touche à la circulation sur lesdites voies. — Il peut, moyennant le paiement de droits fixés par un tarif dûment établi, sous les réserves imposées par l'article 7 de la loi du 11 frimaire an VII, donner des permis de stationnement ou de dépôt temporaire sur la voie publique, sur les rivières, ports et quais fluviaux et autres lieux publics. — Les alignements individuels, les autorisations de bâtir, les autres permissions de voirie sont délivrés par l'autorité compétente, après que le maire aura donné son avis dans le cas où il ne lui appartient pas de les délivrer lui-même. — Les permissions de voirie à titre précaire ou essentiellement révocable sur les voies publiques qui sont placées dans les attributions du maire et ayant pour objet, notamment, l'établissement dans le sol de la voie publique des canalisations destinées au passage ou à la conduite soit de l'eau, soit du gaz, peuvent en cas de refus du maire non justifié par l'intérêt général, être accordées par le préfet.

Article 99.

Les pouvoirs qui appartiennent au maire, en vertu de l'article 91, ne font pas obstacle au droit du préfet de prendre, pour toutes les communes du département ou plusieurs d'entre elles, et dans tous les cas où il n'y aurait pas été pourvu par les autorités municipales, toutes les mesures relatives au maintien de la salubrité, de la sûreté et de la tranquillité publiques. — Ce droit ne pourra être exercé par le préfet à l'égard d'une seule commune qu'après une mise en demeure au maire restée sans résultat.

Article 100.

Les cloches des églises sont spécialement affectées aux cérémonies du culte. — Néanmoins, elles peuvent être employées dans les cas de péril commun qui exigent un prompt secours et dans les circonstances où cet emploi est prescrit par des dispositions de lois ou règlements, ou autorisé par les usage locaux.

Les sonneries religieuses, comme les sonneries civiles, feront l'objet d'un règlement concerté entre l'évêque et le préfet, ou entre le préfet et les consistoires, et arrêté, en cas de désaccord, par le ministre des cultes.

Article 101.

Une clef du clocher sera déposée entre les mains des titulaires ecclésiastiques, une autre entre les mains du maire, qui ne pourra en faire usage que dans des circonstances prévues par les lois ou règlements. — Si l'entrée du clocher n'est pas indépendante de celle de l'église, une clef de la porte de l'église sera déposée entre les mains du maire.

. . . .

. . . .

POLICE RURALE.

Loi des 28 septembre-6 octobre 1791 concernant la police rurale.

TITRE II.

Article 1er.

La police des campagnes est spécialement sous la juridiction des juges de paix et des officiers municipaux, et sous la surveillance des gardes champêtres et de la gendarmerie nationale.

Article 2.

Tous les délits ci-après mentionnés sont, suivant leur nature, de la compétence du juge de paix *ou de la municipalité* du lieu où ils auront été commis. (*La connaissance des affaires de police appartient exclusivement aux juges de paix*) (Loi du 27 juin 1873).

Article 3.

Tout délit rural ci-après mentionné sera punissable d'une amende ou d'une détention, soit municipale, correctionnelle, ou de détention et d'amende réunies, suivant les circonstances et la gravité du délit, sans préjudice de l'indemnité qui pourra être due à celui qui aura souffert le dommage. Dans tous les cas, cette indemnité sera payable par préférence à l'amende. L'indemnité et l'amende sont dues solidairement par les délinquants.

Article 4.

Les moindres amendes seront de la valeur d'une journée de travail au taux du pays, déterminée par le directoire du département. Toutes les amendes ordinaires qui n'excéderont pas là somme de trois journées de travail, seront doubles en cas de récidive dans l'espace d'une année, ou si le délit a été commis avant le lever ou après le coucher du soleil; elles seront triples quand les deux circonstances précédentes se trouveront réunies : elles seront versées dans la caisse de la municipalité du lieu. (*V. Loi 23 thermidor an IV, à la suite.*)

. . . .

. . . .

Article 6.

Les délits mentionnés au présent décret, qui entraîneraient une détention de plus de trois jours dans les campagnes, et de plus de huit jours dans les villes, seront jugés par voie de police correctionnelle; les autres le seront par voie de police municipale. (*V. art. 137 C. I. Cr.*)

Article 7.

Les maris, pères, mères, tuteurs, maîtres, entrepreneurs de toute espèce, seront civilement responsables des délits commis par leurs femmes et enfants, pupilles, mineurs n'ayant pas plus de vingt ans et non mariés, domestiques, ouvriers, voituriers et autres subordonnés. L'estimation du dommage sera toujours faite par le juge de paix ou ses assesseurs, ou par des experts par eux nommés.

Article 8.

Les domestiques, ouvriers, voituturiers, ou autres subordonnés seront, à leur tour, responsables de leurs délits envers ceux qui les emploient.

Article 9.

Les officiers municipaux veilleront généralement à la tranquillité, à la salubrité et à la sûreté des campagnes; ils seront tenus particulièrement de faire, au moins une fois par an, la visite des fours et cheminées de toutes les maisons et de tous bâtiments éloignés de moins de cent toises d'autres habitations : ces visites seront préalablement annoncées huit jours d'avance, — Après la visite, ils ordonneront la réparation ou la démolition des fours et des cheminées qui se trouveront dans un état de délabrement qui pourrait occasionner un incendie ou d'autres accidents; il pourra y avoir lieu à une amende au moins de 6 livres, et au plus de 24 livres. (*V. art. 471 § 1 C. P.*)

Article 10.

Toute personne qui aura allumé du feu dans les champs plus près que cinquante toises des maisons, bois, bruyères, vergers, haies, meules de grains, de paille ou de foin, sera condamnée à une amende égale à la valeur de douze journées de travail, et paiera en outre le dommage que le feu aurait occasionné. Le délinquant pourra de plus, suivant les circonstances, être condamné à la détention de police municipale.

Article 11.

Celui qui achètera des bestiaux hors des foires et marchés, sera tenu de les restituer gratuitement au propriétaire, en l'état où ils se trouveront, dans le cas où ils auraient été volés.

Article 12.

Les dégâts que les bestiaux de toute espèce, laissés à l'abandon, feront sur les propriétés d'autrui, soit dans l'enceinte des habitations, soit dans un enclos rural, soit dans les champs ouverts, seront payés par les personnes qui ont la jouissance des bestiaux; si elles sont insolvables, ces dégâts seront payés par celles qui en ont la propriété. Le propriétaire qui éprouvera les dommages aura le droit de saisir les bestiaux, sous l'obligation de les faire conduire dans les vingt-quatre heures au lieu du dépôt qui sera désigné à cet effet par la municipalité. — Il sera satisfait aux dégâts par la vente des bestiaux, s'ils ne sont pas réclamés, ou si le dommage n'a point été payé dans la huitaine du jour du délit. — Si ce sont des volailles, de quelque espèce que ce soit, qui causent le dommage, le propriétaire, le détentenr ou le fermier qui l'éprouvera pourra les tuer, mais seulement sur le lieu, au moment du dégât. (*V. Loi du 4 avril 1889, art. 4.*)

Article 13.

Les bestiaux morts seront enfouis dans la journée à quatre pieds de profondeur par le propriétaire et, dans son terrain, ou voiturés à l'endroit désigné par la municipalité, pour y être également enfouis, sous peine par le délinquant de payer une amende de la valeur d'une journée de travail, et les frais de transport et d'enfouissement.

. . . .

. . . .

Article 15.

Personne ne pourra inonder l'héritage de son voisin, ni lui transmettre volontairement les eaux d'une manière nuisible, sous peine de payer le dommage et une amende qui ne pourra excéder la somme du dédommagement.

. . . .

Article 17.

Il est défendu à toute personne de recombler les fossés, de dégrader les clôtures, de couper des branches de haies vives, d'enlever des bois secs des haies, sous peine d'une amende de la valeur de trois journées de travail. Le dédommagement sera payé au propriétaire; et suivant la gravité des circonstances, la détention pourra avoir lieu, mais au plus pour un mois.

. . . .

Article 21.

Les glaneurs, les râteleurs et les grappilleurs, dans les lieux où les usages de glaner, de râteler ou de grappiller sont reçus, n'entreront dans les champs, prés et vignes récoltés et ouverts, qu'après l'enlèvement entier des fruits. En cas de contra-

vention, les produits du glanage, du râtelage et du grappillage seront confisqués, et, suivant les circonstances, il pourra y avoir lieu à la détention de police municipale. Le glanage, le râtelage et le grappillage sont interdits dans tout enclos rural, tel qu'il est défini à l'article 6 de la quatrième section du premier titre du présent décret.

Article 22.

Dans les lieux de parcours ou de vaine pâture, comme dans ceux où ces usages ne sont point établis, les pâtres et les bergers ne pourront mener les troupeaux d'aucune espèce dans les champs moissonnés et ouverts, que deux jours après la récolte entière, sous peine d'une amende de la valeur d'une journée de travail : l'amende sera double, si les bestiaux ont pénétré dans un enclos rural.

. . . .

Article 25.

Les conducteurs des bestiaux revenant des foires, ou les menant d'un lieu à un autre, même dans les pays de parcours ou de vaine pâture, ne pourront les laisser pacager sur les terres des particuliers, ni sur les communaux, sous peine d'une amende de la valeur de deux journées de travail, en outre du dédommagement. L'amende sera égale à la somme du dédommagement, si le dommage est fait sur un terrain ensemencé, ou qui n'a pas été dépouillé de sa récolte, ou dans un enclos rural. — A défaut de paiement, les bestiaux pourront être saisis et vendus jusqu'à concurrence de ce qui sera dû pour l'indemnité, l'amende et autres frais relatifs; il pourra même y avoir lieu envers les conducteurs, à la détention de police municipale, suivant les circonstances.

. . . .

Article 28.

Si quelqu'un, avant leur maturité,

coupe ou détruit de petites parties de blé en vert, ou d'autres productions de la terre, sans intention manifeste de les voler, il paiera en dédommagement au propriétaire une somme égale à la valeur que l'objet aurait eue dans sa maturité : il sera condamné à une amende égale à la somme du dédommagement, et il pourra l'être à la détention de police municipale.

. . . .

Article 33.

Celui qui, sans la permission du propriétaire ou fermier, enlèvera des fumiers, de la marne, ou tous autres engrais portés sur les terres, sera condamné à une amende qui n'excédera pas la valeur de six journées de travail, en outre du dédommage-ment; et pourra l'être à la détention de police municipale. L'amende sera de douze journées, et la détention pourra être de trois mois, si le délinquant a fait tourner à son profit lesdits engrais.

. . . .

Article 41.

Tout voyageur qui déclorra un champ pour se faire un passage dans sa route, paiera le dommage fait au propriétaire, et de plus, une amende de la valeur de trois journées de travail, à moins que le juge de paix du canton ne décide que le chemin public était impraticable; et alors les dommages et les frais de clôture seront à la charge de la communauté.

. . . .

Loi du 23 thermidor an IV, relative à la répression des délits ruraux.

. . . .
. . . .

Article 2.

La peine d'une amende de la valeur d'une journée de travail, ou d'un jour d'emprisonnement, fixée comme la moindre par l'article 606 du Code des délits et des peines, ne pourra, pour tout délit rural ou forestier, être au-dessous de trois journées de travail, ou de trois jours d'emprisonnement.

POLICE SANITAIRE DES ANIMAUX.

Loi du 21 juillet 1881 sur la police sanitaire des animaux.

Article 1er.

Les maladies des animaux qui sont réputées contagieuses, et qui donnent lieu à l'application des dispositions de la présente loi, sont :

La peste bovine, dans toutes les espèces de ruminants;

La péripneumonie contagieuse dans l'espèce bovine;

La clavelée et la gale dans les espèces ovine et caprine;

La fièvre aphtheuse, dans les espèces bovine, ovine, caprine et porcine;

La morve, le farcin et la dourine, dans les espèces chevaline et asine;

La rage et le charbon dans toutes les espèces.

Article 2.

Un décret du Président de la République, rendu sur le rapport du ministre de l'Agriculture et du Commerce, après avis du comité consultatif des épizooties, pourra ajouter à la nomenclature des maladies réputées contagieuses dans chacune des espèces d'animaux énoncées ci-dessus toutes autres maladies contagieuses dénommées ou non qui prendraient un caractère dangereux.

Les dispositions de la présente loi pourront être étendues, par un décret rendu dans la même forme, aux animaux d'espèces autres que celles ci-dessus désignées.

. . . .

. . . .

Article 34.

Toute infraction aux dispositions de la présente loi non spécifiée dans les articles ci-dessus sera punie de seize francs à quatre cents francs d'amende. Les contraventions aux dispositions du règlement d'administration publique rendu pour l'exécution de la présente loi seront, sui-

vant les cas, passibles d'une amende de un franc à deux cents francs, qui sera prononcée par le juge de paix du canton.

. . . .

Article 36.

L'article 463 du Code pénal est applicable dans tous les cas prévus par les articles du présent titre.

. . . .

Article 41.

Sont et demeurent abrogés les articles 459, 460 et 461 du Code pénal, toutes lois et ordonnances, tous arrêts du conseil, arrêtés, décrets et règlements, intervenus à quelque époque que ce soit sur la police sanitaire des animaux.

Décret du 22 juin 1882 portant règlement d'administration publique pour l'exécution de la loi sur la police sanitaire des animaux.

TITRE PREMIER.

Police sanitaire à l'intérieur.

CHAPITRE PREMIER.

Mesures communes à toutes les maladies contagieuses.

Article 1er.

Lorsqu'une maladie contagieuse est signalée dans une commune, le maire en informe, dans les vingt-quatre heures, le préfet du département et lui fait connaître les mesures et les arrêtés qu'il a pris conformément à la loi sur la police sanitaire et au présent règlement d'administration publique pour empêcher l'extension de la contagion. Le préfet accuse réception au maire dans le même délai et prend un arrêté pour prescrire les mesures à mettre en exécution.

Les arrêtés des maires et des préfets sont transmis sans délai au ministre de l'Agriculture, qui peut prendre, par un arrêté spécial, des

mesures applicables à plusieurs départements.

Article 2.

Les arrêtés pris par le maire sont exécutoires, même avant l'approbatiou du préfet.

Article 3.

Dans le cas où un animal atteint ou soupçonné d'être atteint d'une maladie contagieuse meurt ou est abattu avant la déclaration prescrite par l'article 3 de la loi sur la police sanitaire, le maire commet un vétérinaire à l'effet de constater la nature de la maladie. Le procès-verbal de constatation est remis au maire, qui en transmet sans retard une copie au préfet.

Le vétérinaire délégué, chef du

service sanitaire du département, est envoyé sur place, s'il y a lieu, pour vérifier les constatations de son collègue.

Article 4.

Les cadavres ou parties de cadavre des animaux morts de maladies contagieuses ou abattus comme atteints de ces maladies doivent être conduits à l'atelier d'équarrissage, s'il s'en trouve un dans la commune.

S'il n'y a pas d'atelier d'équarrissage, le maire prescrit l'enfouissement dans le terrain du propriétaire : l'emplacement doit être agréé par le maire.

A défaut de terrain appartenant au propriétaire, l'enfouissement a lieu dans un terrain communal spécialement affecté à cet effet. Ce terrain est entouré d'une clôture et il est interdit d'y faire paître les animaux.

Enfin, si la commune elle-même ne possède pas d'emplacement susceptible d'être approprié comme il est dit au paragraphe précédent, les cadavres ou débris de cadavres sont détruits sur place au moyen de procédés approuvés par le comité consultatif des épizooties, ou transportés à l'atelier d'équarrissage le plus voisin. Le transport sera effectué conformément aux indications données par le maire.

Dans les cas d'enfouissement, les fosses ont une profondeur suffisante pour qu'il y ait au-dessus du corps une couche de terre de un mètre cinquante au moins. Les cadavres sont recouverts de toute la terre extraite pour ouvrir les fosses et ne peuvent être déterrés, en tout ou en partie, sans une autorisation du préfet.

Article 5.

Les locaux, cours, enclos, herbages et pâtures où ont séjourné les animaux atteints de maladies contagieuses doivent être désinfectés.

Les mesures de désinfection sont déterminées, sur l'avis du comité consultatif des épizooties, par des instructions ministérielles.

Article 6.

Il est interdit, sous aucun prétexte, de conduire, même pendant la nuit, aux abreuvoirs communs les animaux atteints de maladies contagieuses et ceux qui ont été exposés à la contagion. Cette interdiction s'applique même aux animaux dont la circulatiou a été permise exceptionnellement.

Article 7.

Dans tous les cas où il est ordonné de marquer les animaux, la marque est faite sur la joue gauche.

Il est interdit d'apposer sur cette joue aucune autre marque.

CHAPITRE II.

Mesures spéciales à chacune des maladies contagieuses.

SECTION PREMIÈRE.

Peste bovine.

Article 8.

Lorsque la peste bovine est constatée dans une commune, le préfet prend un arrêté portant déclaration d'infection, soit d'une partie seulement de la commune, dont l'arrêté détermine exactement le périmètre, soit de la commune tout entière, soit même, s'il y a lieu, des communes voisines.

Article 9.

L'arrêté est affiché et publié dans les communes où la déclaration d'infection a été prononcée, et dans les communes comprises dans un rayon de 20 kilomètres autour d'elles. En outre des écriteaux portant les mots :

« *Peste bovine* » sont apposés sur les poteaux, plantés à l'entrée des chemins, conduisant aux communes infectées et des locaux où la maladie a été constatée.

Article 10.

Le préfet qui a pris l'arrêté portant la déclaration d'infection, doit, dans les vingt-quatre heures, l'envoyer aux préfets des départements limitrophes. Il tient journellement le Ministre au courant de la marche de la maladie et des mesures prises pour la combattre. Des bulletins sont publiés au *Journal officiel*.

Article 11.

La déclaration d'infection entraîne l'application des dispositions suivantes :

1° Mise en quarantaine des locaux, cours, enclos, herbages et pâtures où ont séjourné des animaux malades ou ayant été exposés à la contagion de la peste bovine, impliquant défense d'y introduire des animaux sains de l'ordre des ruminants ;

2° Dénombrement et marque des animaux des espèces bovine, ovine et caprine compris dans tout le territoire infecté ;

3° Visite et surveillance, par le vétérinaire délégué, de tous locaux, cours, enclos, herbages et pâtures où se trouvent des animaux desdites espèces ;

4° Défense absolue de faire sortir lesdits animaux hors du territoire déclaré infecté, si ce n'est pour la boucherie et dans les conditions précisées à l'article suivant ;

5° Interdiction de la circulation des animaux des espèces bovine, ovine, caprine et porcine.

Toutefois, le transit des animaux desdites espèces à travers le territoire déclaré infecté demeurera libre par les voies ferrées, sous la condition que ces animaux resteront enfermés dans les wagons ;

6° Obligation de tenir les chiens a l'attache ou en laisse ; les chats et les volailles enfermés ;

7° Détermination des routes, chemins et sentiers où les personnes ne pourront circuler qu'en se soumettant aux mesures de désinfection jugées nécessaires par l'administration ;

8° Dans l'étendue du territoire déclaré infecté, obligation d'informer le maire de tous cas de maladie quelconque et de tous changements qui viendraient à se produire dans l'effectif des animaux des espèces bovine, ovine et caprine ;

9° Défense à toute personne étrangère aux fermes d'entrer dans un local, cour, enclos, herbage ou pâture infectés, sans autorisation du maire de la commune, accordée sur l'avis du vétérinaire délégué.

10° Interdiction aux hommes chargés de la garde des animaux et des soins à leur donner de tout contact avec d'autres animaux, et défense pour eux d'entrer dans des lieux renfermant des animaux autres que ceux confiés à leurs soins ;

11° Obligation, pour toute personne sortant d'un local infecté, de se soumettre, notamment en ce qui concerne les chaussures, aux mesures de désinfection jugées nécessaires ;

12° Défense de faire sortir du territoire déclaré infecté des objets ou matières pouvant servir de véhicules à la contagion, tels que fourrages, pailles, litières, fumiers, harnais, couvertures, laines, peaux, poils, cornes, onglons, os, etc.;

13° Défense de déposer les fumiers sur la voie publique et d'y laisser écouler les parties liquides des déjections; obligation de traiter ces matières conformément aux prescriptions des arrêtés administratifs;

14° Obligation de se munir d'un laissez-passer délivré par le maire sur l'avis du vétérinaire délégué, pour le transport, dans l'intérieur du territoire infecté, des fourrages et fumiers provenant des fermes où il n'y a pas eu d'animaux malades.

Le laissez-passer indique la provenance et la destination de ces objets.

Article 12

Par exception aux dispositions de l'article précédent, et sous réserve de l'autorisation du Ministre de l'Agriculture, ou de son délégué, le maire peut permettre :

1° La sortie hors du territoire déclaré infecté des animaux qui n'ont pas été exposés à la contagion sous condition qu'ils seront conduits directement à l'abattoir. Avant leur départ, les animaux sont marqués.

Il est délivré un laissez-passer indiquant la provenance et la destination des animaux. Ce laissez-passer est rapporté au maire dans le délai de cinq jours, avec certificat attestant que les animaux ont été abattus. Le certificat d'abattage est délivré par l'agent préposé à la police de l'abattoir, ou par l'autorité locale dans les communes où il n'existe pas d'abattoir ;

2° La sortie, dans les conditions qui seront déterminées par le Ministre des viandes provenant de l'abattage des animaux qui ont été seulement exposés à la contagion.

Les véhicules doivent être disposés de façon à ne laisser tomber aucune partie ni liquide ni solide ; ils sont désinfectés après le transport ; les personnes employées au transport, chargement et déchargement doivent se soumettre aux mesures de désinfection jugées nécessaires pour éviter de propager la contagion. En outre, les maires doivent prescrire toute mesure qu'ils croient utile pour éviter le danger de la contagion ;

3° La sortie des peaux, laines,

poils, cornes, onglons, os, etc., après la constatation de la désinfection par le vétérinaire délégué.

Article 13.

La personne préposée à la conduite des animaux dont la sortie, hors d'un territoire déclaré infecté, a été autorisée, conformément à l'article précédent, est tenue de représenter à toute réquisition, le laissez-passer qui a autorisé la circulation ; faute par elle de représenter ledit laissez-passer ou si le délai dans lequel l'abattage devait être exécuté est expiré, il est dressé procès-verbal et les animaux sont abattus sur-le-champ par ordre du maire de la localité sur le territoire de laquelle ils sont saisis.

Article 14.

Si la peste bovine vient à se déclarer dans un troupeau de bêtes ovines ou caprines, les animaux malades sont abattus. Les animaux des mêmes espèces qui ont été exposés à la contagion sont divisés par lots et isolés pendant quinze jours dans des locaux, cours, enclos, herbages ou pâtures éloignés de ceux qui sont habités par des bêtes bovines. A l'expiration de ce délai, la mesure peut être levée par le maire, sur l'avis du vétérinaire délégué, si aucun cas de peste ne s'est déclaré parmi eux.

Article 15.

Les cadavres des animaux morts de la peste bovine ou abattus comme atteints de cette maladie et ceux des animaux abattus, comme suspects, dont les chairs et les débris n'ont pas été utilisés, sont transportés soit aux ateliers d'équarrissage, soit aux fosses d'enfouissement, dans les conditions suivantes :

1° Les cadavres sont désinfectés avant leur chargement sur les voitures destinées à les transporter ;

2° Ces voitures sont disposées de manière à ce qu'aucune matière solide ou liquide ne puisse s'en échapper dans le trajet, et il est interdit de les faire traîner par des bêtes bovines ; elles sont accompagnées par un gardien désigné par le maire et porteur d'un laissez-passer.

3° Les voitures ayant servi au transport et les objets ayant été en contact avec les animaux sont nettoyés et désinfectés ;

4° Les conducteurs et autres personnes employées aux chargement, déchargement et à l'enfouissement des cadavres sont soumis aux mesures de désinfection jugées nécessaires.

Article 16.

Lorsqu'il y a nécessité de conduire les animaux vivants à l'endroit où ils doivent être enfouis, ils sont menés à la corde sous la surveillance d'un agent désigné par le maire ; les déjections qu'ils peuvent abandonner en route sont immédiatement ramassées pour être jetées dans la fosse avec la corde ayant servi à les conduire.

Article 17.

Immédiatement après l'abattage des animaux atteints de la peste bovine ou ayant été exposés à la contagion, les locaux, cours, enclos, herbages et pâtures où se trouvaient ces animaux sont soumis à une désinfection générale. Les pailles, fourrages, litières, fumiers ou autres objets pouvant servir de véhicules à la contagion sont détruits sur place ou désinfectés.

Article 18.

Pendant toute la durée de l'épizootie, les ateliers d'équarrissage où les cadavres sont conduits sont placés sous la surveillance d'un gardien sanitaire. Ce gardien inscrit l'arrivée des cadavres sur un registre, avec l'indication de leur provenance et en donne un récépissé que les propriétaires doivent remettre immédiatement au maire de leur commune.

Article 19.

Les foires et marchés, les concours agricoles, les réunions et rassemblements sur la voie publique ou dans les cours d'auberge, ayant pour but l'exposition ou la mise en vente des animaux des espèces bovine, ovine et caprine sont interdits dans le territoire déclaré infecté, et autour dudit territoire, dans un rayon qui est déterminé par arrêté préfectoral.

Toutefois, les marchés intérieurs des villes ayant des abattoirs se tiennent comme à l'ordinaire ; mais les animaux qui y sont conduits ne peuvent en sortir que pour être abattus dans la ville même, et le certificat de leur abattage est renvoyé, dans le délai de trois jours, à l'agent chargé de la police du marché où ces animaux ont été vendus. Les peaux, poils, laines, cornes, onglons, os, fumiers, etc., ne peuvent être enlevés de l'abattoir avant d'avoir été désinfectés.

Article 20.

La déclaration d'infection ne peut être levée par le préfet que lorsqu'il s'est écoulé trente jours au moins sans qu'il se soit produit un nouveau cas de peste bovine et après constatation de l'accomplissement de toutes les prescriptions relatives à la désinfection.

SECTION II.

Péripneumonie contagieuse.

Article 21.

Lorsque la péripneumonie contagieuse est constatée dans une commune, le préfet prend un arrêté portant déclaration d'infection du local, de la cour, de l'enclos, de l'herbage ou de la pâture, dans lequel se trouve l'animal malade et déterminant le périmètre dans lequel l'arrêté sera applicable. Cet arrêté est publié et affiché dans la commune ainsi que dans les communes contiguës. En outre, des écriteaux portant ces mots : « *Péripneumonie contagieuse* » sont apposés sur des poteaux plantés à l'entrée des chemins conduisant à la ferme et sur les portes des locaux où la maladie a été constatée.

Article 22.

La déclaration d'infection entraîne l'application des dispositions suivantes :

1° Mise en quarantaine des locaux, cours, enclos, herbages et pâtures déclarés infectés, impliquant défense d'y introduire des bêtes bovines saines, sauf ce qui sera dit à l'article 27 suivant ;

2° Immédiatement après l'abattage des animaux malades, évacuation complète et désinfection de l'étable où a existé la maladie; isolement et séquestration dans un autre local ou une autre pâture des animaux qui ont été exposés à la contagion; marque de ces animaux ;

3° Dénombrement de tous les autres animaux de l'espèce bovine qui se trouvent dans les locaux, cours, enclos, herbages et pâtures compris dans la déclaration d'infection ;

4° Visite et surveillance, par le vétérinaire délégué, des locaux, cours, enclos, herbages et pâtures de la ferme ou de l'établissement où la maladie a été constatée ;

5° Interdiction de vendre les animaux qui ont été exposés à la contagion ;

6° Interdiction, aux hommes chargés de la garde des animaux et des soins à leur donner, de tout contact avec d'autres animaux de l'espèce bovine et défense pour eux d'entrer dans des lieux renfermant des animaux de cette espèce ;

7° Obligation, pour toute personne sortant d'un local infecté, de se soumettre, notamment en ce qui concerne les chaussures, aux mesures de désinfection jugées nécessaires ;

8° Défense de faire sortir des locaux, cours, enclos, herbages et pâtures infectés, des objets ou matières pouvant servir de véhicules à la contagion, tels que fourrages, pailles, litières, fumiers, harnais, couvertures, laines, peaux, poils, cornes, onglons, os, etc.;

9° Défense de déposer les fumiers sur la voie publique et d'y laisser écouler les parties liquides des déjections; obligation de traiter ces matières conformément aux prescriptions des arrêtés administratifs.

Article 23.

Par exception aux dispositions de l'article précédent, le préfet peut, sur l'avis du vétérinaire délégué, qui indiquera les précautions à prendre :

1° Autoriser la circulation, dans le territoire de la commune où se trouve le périmètre déclaré infecté, des animaux de travail qui ont été exposés à la contagion, quand ceux-ci sont jugés indispensables pour la culture du sol et les transports ;

2° La même autorisation peut être accordée pour la conduite dans un pâturage désigné des animaux qui ont été exposés à la contagion ;

3° Le préfet peut également autoriser la vente pour la boncherie et le transport, pour cette destination, des animaux qui ont été exposés à la contagion.

Dans le cas de vente pour la boucherie, il est délivré un laissez-passer qui est rapporté au maire dans le délai de cinq jours, avec un certificat attestant que les animaux ont été abattus. Ce certificat est délivré par l'agent préposé à la police de l'abattoir, ou par l'autorité locale dans les communes où il n'existe pas d'abattoir.

Article 24.

La personne préposée à la conduite des animaux dont la sortie ou la vente a été autorisée conformément à l'article précédent doit représenter à toute réquisition le laissez-passer prévu audit article. Faute par elle de représenter ledit laissez-passer, ou si le délai dans lequel les animaux devaient être abattus est expiré, il est dressé procès-verbal, et les animaux sont mis en fourrière par l'ordre du maire de la localité sur le territoire de laquelle ils sont saisis. Si ces animaux sont reconnus atteints de la péripneumonie, ils sont abattus sur place par ordre du préfet. S'ils ont été dans la même étable ou dans le même troupeau, ou en contact avec des animaux atteints de péripneumonie contagieuse, le Ministre de l'Agriculture en prescrit, s'il y a lieu, l'abattage sans qu'il y ait droit à indemnité, conformément aux articles 9 et 22 de la loi sur la police sanitaire des animaux. Après examen, par un vétérinaire, de l'animal abattu, le propriétaire peut être autorisé à en disposer.

Article 25.

Lorsque la péripneumonie prend un caractère envahissant, un arrêté du préfet enjoint à tous les propriétaires, détenteurs ou gardiens d'animaux de l'espèce bovine, de déclarer à la mairie tout cas de maladie quelconque qui viendrait à se manifester sur ces animaux.

Le même arrêté interdit la tenue des foires et marchés, les concours agricoles, les réunions et rassemblements sur la voie publique ou dans les cours d'auberge, ayant pour but l'exposition ou la mise en vente des animaux de l'espèce bovine. Toutefois, les marchés intérieurs des villes ayant des abattoirs se tiennent comme à l'ordinaire; mais les animaux qui y sont conduits et qui, à leur sortie, ne sont pas menés à l'abattoir, ne peuvent circuler qu'avec un laissez-passer indiquant leur destination et qui sera remis au maire de la commune où ils doivent séjourner.

Ce maire est prévenu directement par le service du marché, de façon à placer les animaux qui en proviennent sous l'application des mesures édictées par la loi et par le présent règlement pour les animaux suspects.

Le transport des animaux sera effectué conformément aux instructions données par le vétérinaire sanitaire du marché.

Article 26.

La chair des animaux abattus pour cause de péripneumonie ne peut être livrée à la consommation publique qu'en vertu d'une autorisation du maire, sur l'avis conforme du vétérinaire délégué.

Les poumons sont détruits ou enfouis; l'utilisation des peaux demeure permise après désinfection.

Article 27.

Après l'évacuation des animaux survivants et l'achèvement complet des travaux de désinfection, le repeuplement des locaux peut avoir lieu avec des animaux inoculés depuis vingt et un jours au moins.

Article 28.

La déclaration d'infection ne peut être levée par le préfet que lorsqu'il s'est écoulé un délai de trois mois au moins sans qu'il se soit produit un nouveau cas de péripneumonie et après constatation de l'accomplissement de toutes les prescriptions relatives à l'inoculation et à la désinfection. Elle peut être levée après la désinfection, si tous les animaux qui se trouvaient dans les locaux, cours, enclos, herbages et pâtures déclarés infectés ont été abattus.

Fièvre aphtheuse.

Article 29.

Lorsque la fièvre aphtheuse est constatée dans une commune, le préfet prend un arrêté portant déclaration d'infection des locaux, cours, enclos, herbages et pâtures dans lesquels se trouvent les animaux malades, et déterminant le périmètre dans lequel l'arrêté sera applicable. Cet arrêté est notifié aux maires de la commune et des communes limitrophes. Il est publié et affiché.

Article 30.

La déclaration d'infection entraîne l'application des dispositions suivantes :

1º Mise en quarantaine des locaux, cours, enclos, herbages et pâtures déclarés infectés, impliquant défense d'y introduire des animaux sains des espèces bovine, ovine, caprine et porcine ; dénombrement et marque de ceux qui s'y trouvent.

Par exception, s'il est nécessaire de conduire les animaux malades ou suspects au pâturage, la route qu'ils doivent suivre est déterminée par un arrêté du maire ; cette route est marquée par des poteaux indicateurs, ainsi que les limites du pâturage dans lequel les animaux doivent être cantonnés ; après la marque, les animaux de travail qui ont été exposés à la contagion peuvent être utilisés sous les conditions déterminées par le maire, après avis du vétérinaire sanitaire de la circonscription. Il est délivré par le maire un laissez-passer indiquant les limites dans lesquelles la circulation desdits animaux est autorisée ;

2º Avertissement de l'existence de la fièvre aphtheuse par un écriteau placé à l'entrée principale de la ferme et des locaux, cours, enclos, herbages et pâtures infectés ;

3º Visite et surveillance, par le vétérinaire sanitaire, des locaux, cours, enclos, herbages et pâtures de la ferme ou de l'établissement où la maladie a été constatée ;

4º Détermination des routes, chemins et sentiers fermés à la circulation des animaux susceptibles de contracter la fièvre aphtheuse ;

5ºDéfense de faire sortir des locaux infectés des objets ou matières pouvant servir de véhicules à la contagion, tels que pailles, fourrages, litières, fumiers, couvertures, harnais, etc. ;

6º Interdiction de déposer les fumiers sur la voie publique et d'y laisser écouler les parties liquides des déjections ; obligation de traiter ces matières conformément aux prescriptions des arrêtés administratifs ;

7º Interdiction de laisser pénétrer dans les locaux infectés les bouchers, marchands de bestiaux et toute personne non préposée aux soins à donner aux animaux ;

8º Obligation, pour toute personne sortant d'un local infecté, de se soumettre, notamment en ce qui concerne les chaussures, aux mesures de désinfection jugées nécessaires.

9º Interdiction de vendre les animaux malades, si ce n'est pour la boucherie ; auquel cas ils doivent être conduits directement à l'abattoir, par des voies indiquées à l'avance.

La même interdiction s'applique, pendant un délai de quinze jours, à ceux qui ont été exposés à la contagion.

Dans le cas de vente pour la boucherie, il est délivré un laissez-passer qui est rapporté au maire dans le délai de cinq jours, avec un certificat attestant que les animaux ont été abattus. Ce certificat est délivré par l'agent préposé à la police de l'abattoir, ou par l'autorité locale dans les communes où il n'existe pas d'abattoir.

Les animaux transportés en vue de la boucherie doivent avoir les pieds tamponnés; ils ne peuvent être transportés qu'en voiture ou par chemin de fer.

Article 31.

Lorsque la fièvre aphtheuse prend un caractère envahissant, un arrêté du préfet interdit la tenue des foires et marchés, les réunions ou rassemblements sur la voie publique ou dans les cours d'auberge, ayant pour but l'exposition ou la mise en vente des animaux des espèces bovine, ovine, caprine et porcine.

Toutefois, il fait exception pour les marchés intérieurs des villes ayant des abattoirs.

Article 32.

La déclaration d'infection ne peut être levée par le préfet que lorsqu'il s'est écoulé quinze jours sans qu'il se soit produit un nouveau cas de fièvre aphtheuse et après constatation, par le vétérinaire délégué, de l'accomplissement de toutes les prescriptions relatives à la désinfection.

SECTION IV.

Clavelée.

Article 33.

Lorsque la clavelée est constatée dans une commune, le préfet prend un arrêté portant déclaration d'infection des locaux, cours, enclos, herbages et pâtures dans lesquels se trouvent les animaux malades.

Cet arrêté est notifié aux maires de la commune et des communes limitrophes. Il est publié et affiché.

Article 34.

La déclaration d'infection entraîne l'application des dispositions suivantes :

1º Mise en quarantaine des locaux, cours, enclos, herbages et pâtures déclarés infectés, impliquant défense d'y introduire des moutons et des chèvres en état de santé; dénombrement et marque des bêtes ovines et caprines qui s'y trouvent; marque de celles qui ne sont pas soumises immédiatement à la clavelisation.

Par exception, s'il est nécessaire de conduire les animaux au pâturage, la route qu'ils doivent suivre est déterminée par un arrêté du maire; cette route est marquée par des poteaux indicateurs, ainsi que les limites du pâturage dans lequel les animaux doivent être cantonnés.

2º Avertissement de l'existence de la clavelée par un écriteau placé à l'entrée principale de la ferme et sur les locaux infectés;

3º Détermination des routes, chemins et sentiers fermés à la circulation des bêtes ovines et caprines;

4º Visite et surveillance, par le vétérinaire sanitaire, des locaux, enclos, cours, herbages et pâtures de la ferme où la maladie a été constatée;

5º Interdiction de vendre des animaux malades. Si les animaux guéris ont été séparés du reste du troupeau, les effets de l'interdiction qui pèse sur eux cessent vingt jours après leur guérison;

6º Interdiction de vendre, si ce n'est pour la boucherie, les animaux qui ont été exposés à la contagion.

Dans le cas de vente pour la boucherie, il est délivré un laissez-passer qui est rapporté au maire dans le délai de cinq jours, avec un certificat attestant que les animaux ont été abattus. Ce certificat est délivré par l'agent préposé à la police de l'abattoir, ou par l'autorité locale dans les communes où il n'existe pas d'abattoir;

7º Les peaux provenant des animaux claveleux, morts ou abattus, peuvent être livrées au commerce, sous la condition d'avoir été lavées et séchées.

Article 35.

Après la clavelisation du troupeau

infecté et l'achèvement complet des travaux de désinfection des locaux où ont séjourné les animaux malades, le repeuplement peut avoir lieu avec des animaux clavelisés depuis trente jours au moins.

Article 36.

Toutes les mesures prescrites par l'article 34 sont applicables aux troupeaux pour lesquels la clavelisation a été autorisée, conformément au paragraphe 2 de l'article 11 de la loi sur la police sanitaire des animaux.

Article 37.

Lorsque la clavelée prend un caractère envahissant, un arrêté du préfet interdit, pendant toute la durée de la maladie, de conduire les moutons et chèvres aux foires et marchés qui se tiennent dans la localité infectée.

Cette interdiction ne s'applique pas aux marchés intérieurs des villes ayant des abattoirs; mais les animaux qui y sont conduits et qui, à leur sortie, ne sont pas menés à l'abattoir, ne peuvent circuler qu'avec un laissez-passer indiquant leur destination et qui sera remis au maire de la commune où ils doivent séjourner.

Le maire est prévenu directement par le service du marché, de façon à placer les animaux qui en proviennent sous l'application des mesures édictées par la loi et le présent règlement pour les animaux suspects.

Le transport des animaux sera effectué conformément aux instructions données par le vétérinaire sanitaire du marché.

Article 38.

La déclaration d'infection ne peut être levée par le préfet que lorsqu'il s'est écoulé un délai de trente jours au moins sans qu'il se soit produit un nouveau cas de clavelée et après l'accomplissement de toutes les prescriptions relatives à la désinfection. Elle peut être levée immédiatement après la désinfection, si tous les animaux qui se trouvaient dans les locaux, cours, enclos, herbages et pâtures déclarés infectés ont été abattus.

En cas de clavelisation, la déclaration d'infection est levée trente jours au moins après l'inoculation constatée.

SECTION V.

Gale.

Article 39.

Lorsque la gale est constatée sur des animaux des espèces ovine et caprine ou dans un troupeau d'animaux de ces espèces, le préfet prend un arrêté par lequel ces animaux ou ce troupeau sont placés sous la surveillance du vétérinaire sanitaire de la circonscription.

Il n'est permis de les conduire au pâturage qu'après l'application d'un traitement curatif et en se conformant aux mesures prescrites par l'arrêté pour éviter tout contact avec les animaux non atteints de la maladie.

Article 40.

Il est interdit de se dessaisir des animaux atteints de la gale, pour quelque destination que ce soit.

Article 41.

Les peaux et les laines provenant d'animaux atteints de la gale ne peuvent être livrées au commerce qu'après avoir été désinfectées.

L'obligation de désinfection s'applique à toutes les laines provenant d'un troupeau dans lequel des cas de gale ont été constatés.

Article 42.

Les mesures auxquelles sont soumis les animaux atteints de la gale ou les troupeaux dans lesquels cette maladie a été constatée sont levées par le préfet, sur l'avis du vétérinaire délégué, après la disparition de la maladie et la désinfection des locaux.

SECTION VI.

Morve et farcin.

Article 43.

Après la constatation de la morve ou du farcin, le préfet prend un arrêté portant déclaration d'infection, pour mettre en quarantaine les locaux dans lesquels se trouvent les animaux malades et les placer sous la surveillance d'un vétérinaire délégué à cet effet.

Cette mesure entraîne l'application des dispositions suivantes :

1º Défense d'introduire dans ces locaux d'autres animaux susceptibles de contracter la morve ou le farcin ;

2º Avertissement de l'existence de la morve ou farcin par un écriteau placé à l'entrée principale de la ferme et sur les locaux infectés.

Article 44.

Les animaux qui ont été exposés à la contagion restent placés sous la surveillance du vétérinaire délégué pendant un délai de deux mois.

Pendant la durée de cette surveillance, ils peuvent être utilisés, sous la condition qu'ils ne présentent aucun symptôme de maladie.

Il est interdit de les exposer dans des concours publics, de les mettre en vente ou de les vendre ; le propriétaire ne peut s'en dessaisir que pour les livrer à l'équarrissage. Dans ce cas, ils sont préalablement marqués et il est délivré un laissez-passer, qui est rapporté au maire dans le délai de cinq jours, avec un certificat attestant que les animaux ont été abattus. Ce certificat est délivré par le vétérinaire qui a la surveillance de l'atelier d'équarrissage.

Article 45.

Lorsque les chevaux, ânes ou mulets sont abattus conformément à l'article 8 de la loi, ou en vertu de l'article précédent, les peaux ne peuvent être livrées au commerce qu'après désinfection.

Article 46.

Les mesures prescrites en vertu des articles 43 et 44 sont levées par le préfet après la disparition de la maladie et après constatation par le vétérinaire délégué de l'accomplissement de toutes les prescriptions relatives à la désinfection.

Ceux des animaux visés par l'article 44 qui ont présenté des symptômes de maladie restent placés, pendant un délai d'un an, sous la surveillance du vétérinaire délégué, et soumis, pendant ce laps de temps, aux interdictions portées par le troisième alinéa dudit article.

SECTION VII.

Dourine.

Article 47.

Lorsque la dourine est constatée sur des animaux des espèces chevaline et asine, le préfet prend un arrêté pour mettre ces animaux sous la surveillance d'un vétérinaire délégué à cet effet.

Article 48.

Les animaux atteints de la dourine sont marqués.

Il est interdit de les employer à la reproduction pendant tout le temps qu'ils sont tenus en surveillance.

Il est, en outre, défendu de les vendre ; toutefois, cette interdiction pourra être levée par le maire pour les mâles que l'acquéreur ou le vendeur s'engagera à faire castrer dans le délai de quinze jours.

Le vendeur ou l'acquéreur, devra justifier sous sa responsabilité et par certificat remis au maire, dans le délai ci-dessus, que l'opération a été exécutée. Ce certificat émanera du vétérinaire opérateur, et la signature sera légalisée.

Article 49.

Dans les communes où l'existence de la dourine a été constatée, et dans les communes limitrophes, les étalons particuliers sont soumis, tous les quinze jours, à la visite du vétérinaire délégué. Ils ne peuvent être employés à la monte que sur l'exhibition d'un certificat de santé.

Il est interdit de faire saillir les juments sans que leur bon état de santé soit attesté par un certificat ne remontant pas à plus de quatre jours.

Article 50.

Les mesures de surveillance auxquelles donnent lieu la constatation de la dourine ne peuvent être levées qu'un an après la guérison, certifiée par le vétérinaire délégué, des animaux qui auront été l'objet de ces mesures.

En cas de castration, la surveillance cesse de plein droit.

SECTION VIII.

De la rage.

Article 51.

Tout chien circulant sur la voie publique, en liberté ou même tenu en laisse, doit être muni d'un collier portant, gravés sur une plaque de métal, les nom et demeure de son propriétaire.

Sont exceptés de cette prescription les chiens courants portant la marque de leur maître.

Article 52.

Les chiens trouvés sans collier sur la voie publique et les chiens errants, même munis de collier, sont saisis et mis en fourrière.

Ceux qui n'ont pas de collier et dont le propriétaire est inconnu dans la localité sont abattus sans délai.

Ceux qui portent le collier prescrit par l'article précédent et les chiens sans collier dont le propriétaire est connu sont abattus s'ils n'ont pas été réclamés avant l'expiration d'un délai de trois jours francs. Ce délai est porté à cinq jours francs pour les chiens courants avec collier ou portant la marque de leur maître.

Les chiens destinés à être abattus peuvent être livrés à des établissements publics d'enseignement ou de recherches scientifiques.

En cas de remise au propriétaire, ce dernier sera tenu d'acquitter les frais de conduite, de nourriture et de garde, d'après un tarif fixé par l'autorité municipale.

Article 53.

L'autorité administrative pourra, lorsqu'elle croira cette mesure utile, particulièrement dans les villes, ordonner par arrêté que tous les chiens circulant sur la voie publique soient muselés ou tenus en laisse.

Article 54.

Lorsqu'un cas de rage a été constaté dans une commune, le maire prend un arrêté pour interdire, pendant six semaines au moins, la circulation des chiens, à moins qu'ils ne soient tenus en laisse.

La même mesure est prise pour les communes qui ont été parcourues par un chien enragé.

Pendant le même temps, il est interdit aux propriétaires de se dessaisir de leurs chiens ou de les conduire en dehors de leur résidence, si ce n'est pour les faire abattre. Toutefois peuvent être admis à circuler librement, mais seulement pour l'usage auquel ils sont employés, les chiens de berger et de bouvier ainsi que les chiens de chasse.

Article 55.

Lorsque des animaux herbivores ont été mordus par un animal enragé, le maire prend un arrêté pour mettre ces animaux sous la surveillance d'un vétérinaire délégué à cet effet. Cette surveillance sera de six semaines au moins.

Ces animaux sont marqués et il est interdit au propriétaire de s'en dessaisir avant l'expiration de ce délai, si ce n'est pour les faire abattre. Dans ce cas, il est délivré un laissez-passer qui est rapporté au maire dans le délai de cinq jours, avec un certificat attestant que les animaux ont été abattus. Ce certificat est délivré par le vétérinaire délégué à la surveillance de l'atelier d'équarrissage.

L'utilisation des chevaux et des bœufs pour le travail peut être autorisée, à condition, pour les chevaux d'être muselés.

Article 53.

L'utilisation de la peau des animaux morts de la rage ou abattus pour cause de maladie demeure permise après désinfection dûment constatée.

SECTION IX.

Charbon.

Article 57.

Lorsque le charbon est constaté, le préfet prend un arrêté portant déclaration d'infection des locaux, cours, enclos, herbages et pâtures où se trouvent les animaux reconnus malades.

Cet arrêté est publié dans la commune, ainsi que dans les communes contiguës. En outre, des écriteaux portant le mot : « *Charbon,* » sont apposés sur des poteaux plantés à l'entrée des chemins conduisant à la ferme et sur les portes des locaux où la maladie a été constatée.

Article 58.

La déclaration d'infection entraîne l'application des dispositions suivantes :

1º Mise en quarantaine des locaux, cours, enclos, herbages et pâtures déclarés infectés, impliquant défense d'y introduire de nouveaux animaux, à quelque espèce qu'ils appartiennent, à l'exception des animaux qui seront immédiatement vaccinés ; dénombrement des animaux qui s'y trouvent.

Par exception, s'il est nécessaire de conduire ces animaux au pâturage, la route qu'ils doivent suivre est déterminée par un arrêté du maire; cette route est marquée par des poteaux indicateurs, ainsi que les limites du pâturage dans lequel les animaux doivent être cantonnés. La circulation des bêtes de travail qui ont été exposées à la contagion est permise sous les conditions déterminées par le maire, après avis du vétérinaire délégué. Ces animaux sont marqués;

2º Défense de faire sortir des locaux infectés les litières et fumiers;

3º Interdiction de déposer les fumiers sur la voie publique et d'y laisser écouler les parties liquides des déjections; obligation de traiter ces matières conformément aux prescriptions des arrêtés administratifs;

4º Interdiction de laisser pénétrer dans les locaux infectés les bouchers, marchands de bestiaux et toute personne non préposée aux soins à donner aux animaux;

5º Obligation, pour toute personne sortant d'un local infecté, de se soumettre, notamment en ce qui concerne les chaussures, aux mesures de désinfection jugées nécessaires;

6º Visite et surveillance, par le vétérinaire délégué, des locaux, cours, enclos, herbages et pâtures de la ferme ou de l'établissement où la maladie a été constatée;

7º Détermination des routes, chemins et sentiers fermés à la circulation des animaux;

8º Interdiction de vendre les animaux malades;

9º Interdiction de vendre, si ce n'est pour la boucherie les animaux de même espèce qui ont été exposés à la contagion.

Dans le cas de vente pour la boucherie, les animaux sont marqués et envoyés directement à l'abattoir; il est délivré un laissez-passer qui est rapporté au maire dans le délai de cinq jours, avec un certificat attestant que les animaux ont été abattus. Ce certificat est délivré par l'agent préposé à la police de l'abattoir, ou par l'autorité locale dans les communes où il n'existe pas d'abattoir ;

10° Les peaux provenant des animaux charbonneux, morts ou abattus, ne peuvent être livrées au commerce qu'après désinfection régulièrement constatée ;

11° Les peaux des animaux abattus pour cause de suspicion ne peuvent être livrées au commerce qu'après désinfection dûment constatée ;

12° Défense d'utiliser pour la nourriture des animaux l'herbe ou la paille provenant des endroits où ont été enfouis les animaux morts du charbon.

Article 59.

Les propriétaires qui voudront faire pratiquer l'inoculation préventive du charbon devront en faire préalablement la déclaration à la mairie de leur commune.

Un certificat du vétérinaire opérateur, indiquant la date de la vaccination, sera remis au maire immédiatement après l'opération.

Pendant les quinze jours qui suivront la vaccination, les animaux resteront sous la surveillance du vétérinaire délégué à cet effet.

Pendant la durée de cette surveillance, il sera interdit de se dessaisir des animaux inoculés.

Article 60.

La déclaration d'infection ne peut être levée par le préfet que lorsqu'il s'est écoulé un délai de quatre mois sans qu'il se soit produit un nouveau cas de charbon et après constatation, par le vétérinaire délégué, de l'accomplissement de toutes les prescriptions relatives à la désinfection.

Cette déclaration peut être levée, pour les troupeaux inoculés, quinze jours après la vaccination, si aucun cas de charbon ne s'est déclaré dans lesdits troupeaux depuis l'inoculation.

SECTION X.

Maladies contagieuses ajoutées par décret à la nomenclature de la loi.

Article 61.

Dans les cas d'urgence, un arrêté du ministre de l'agriculture, rendu après avis du comité consultatif des épizooties, déterminera celles des dispositions contenues au présent règlement qu'il y aurait lieu d'appliquer pour combattre les maladies contagieuses qui seraient ajoutées à la nomenclature, conformément à l'article 2 de la loi sur la police sanitaire des animaux.

CHAPITRE III.

Mesures concernant les animaux de l'armée, de l'administration des haras, et les animaux amenés ou placés dans les écoles vétérinaires.

Article 62.

L'autorité militaire reste chargée de toutes les mesures à prendre, en ce qui concerne les animaux de l'armée, pour éviter l'introduction de la propagation des maladies contagieuses.

Article 63.

Dans l'intérieur des dépôts d'étalons et jumenteries de l'État, les mesures prescrites par la loi sur la police sanitaire des animaux et par le présent règlement sont appliquées par les soins des directeurs ; ceux-ci sont tenus néanmoins de faire à l'autorité locale la déclaration prévue par l'article 3 de la loi sur la police sanitaire des animaux.

Article 64.

Les écoles vétérinaires donnent avis, à l'autorité du lieu d'origine des animaux amenés à leur consultation, de tous les cas de maladies contagieuses constatés sur ces animaux.

Elles peuvent, avec l'autorisation du ministre, garder en vie, pour servir à des études scientifiques, des animaux atteints de maladies contagieuses.

Dans l'intérieur de ces établissements, les mesures de police sanitaire sont appliquées par les directeurs, qui font à l'autorité locale la déclaration prévue à l'article 3 de la loi sur la police sanitaire des animaux.

CHAPITRE IV.

Indemnités.

Article 65.

Dans le cas d'abattage pour cause de peste bovine ou de péripneumonie contagieuse prévu par les articles 7 et 9 de la loi, ou dans le cas d'inoculation de la péripneumonie prévu par le même article 9, le procès-verbal d'estimation des animaux est immédiatement dressé et déposé à la mairie. Le maire, après l'avoir contresigné et fait contresigner par le juge de paix, le transmet au préfet dans les cinq jours de sa date.

Article 66.

A ce procès-verbal sont jointes les pièces suivantes :

1° La demande d'indemnité formée par le propriétaire ;

2° Une copie, certifiée conforme par le maire, de l'ordre d'abattage ou d'inoculation ;

3° Un certificat du maire attestant que l'ordre d'abattage a reçu son exécution, ou, dans le cas de mort par suite de l'inoculation de la péripneumonie, un certificat du vétérinaire attestant que l'inoculation est réellement la cause de la mort, ce dernier certificat doit être visé par le maire ;

4° Une copie certifiée de la déclaration faite à la mairie, par le propriétaire, de l'apparition de la maladie dans ses étables ou bergeries ;

5° Un certificat du maire constatant que le propriétaire s'est conformé à toutes les autres prescriptions de la loi ;

6° Une déclaration du propriétaire faisant connaître, lorsqu'il y aura lieu, pour chaque tête de bétail, le produit de la vente des animaux ou de leurs chairs et débris.

A ces pièces doivent être joints, dans le cas d'abattage pour cause de péripneumonie ou de mort des suites de l'inoculation de cette maladie, le procès-verbal d'autopsie des animaux pour la perte desquels l'indemnité est réclamée et un certificat d'origine constatant qu'ils n'ont pas été introduits en France dans les trois mois qui ont précédé l'abattage. •

Lorsque le ministre juge nécessaire de faire réviser l'estimation, conformément à l'article 21 de la loi, il renvoie les pièces au préfet.

La commission de révision prévue par ledit article est composée de six membres, y compris le préfet ou son délégué, président, dont la voix est prépondérante en cas de partage. Les pièces lui sont transmises ; elle donne son avis après avoir mis les parties intéressées en demeure de produire leurs observations.

TITRE II.
Police sanitaire à la frontière.

CHAPITRE PREMIER.
Importation des animaux.

Article 67.

Tous les animaux importés en France et soumis à la visite, en vertu de l'article 24 de la loi sur la police sanitaire des animaux, sont débarqués avant la visite, à moins que le vétérinaire ne puisse circuler librement entre les animaux.

Les animaux de l'espèce bovine admis à l'importation sont marqués.

Article 68.

Lorsque la peste bovine est signalée dans une contrée d'où sa propagation en France serait à redouter, un arrêté ministériel prohibe l'entrée des ruminants de toutes les espèces provenant des pays infectés, ainsi que l'importation de tous objets et matières pouvant servir de véhicules à la maladie.

Article 69.

Lorsque les animaux frappés de prohibition pour cause de peste bovine sont présentés à l'importation par terre ou par mer, ces animaux sont saisis et abattus sur place sans indemnité, malades ou non.

Sont également abattus sans indemnité les ruminants faisant partie d'un troupeau présenté à la frontière avant la prohibition et dans lequel l'existence de la peste bovine est constatée.

Dans tous les cas, les cadavres sont enfouis avec la peau tailladée.

Article 70.

Les maladies contagieuses autres que la peste bovine, importées par terre ou par mer, donnent lieu aux mesures suivantes :

1° Lorsque la péripneumonie contagieuse est constatée dans un troupeau à la frontière de terre ou dans un arrivage maritime, tout animal malade est abattu sur place ; ceux qui ont été exposés à la contagion sont repoussés hors du territoire, après avoir été marqués, à moins que le propriétaire ne consente à ce qu'ils soient livrés immédiatement à la boucherie sous les conditions prescrites par l'agent sanitaire.

2° La clavelée comporte, à la frontière de terre, les mêmes mesures que la maladie précédente ; à l'arrivée par mer, elle entraîne l'abattage immédiat des animaux malades et laisse facultative, pour les propriétaires, soit la mise en quarantaine, avec clavelisation, des animaux suspects, soit leur envoi à la boucherie ; toutefois, les animaux qui présenteront les cicatrices caractéristiques de l'inoculation seront admis librement.

3° En cas de fièvre aphtheuse, les animaux malades et ceux qui ont été exposés à la contagion sont repoussés, après avoir été marqués. Si l'arrivage a lieu par mer, les animaux doivent être envoyés immédiatement à la boucherie. S'il s'agit d'animaux reproducteurs ou de vaches laitières, la mise en quarantaine peut être autorisée.

4° En ce qui concerne la morve et le farcin, à la frontière de terre ou de mer, les animaux reconnus malades de la morve sont abattus ; ceux qui sont atteints du farcin ou qui présentent des symptômes douteux de morve sont repoussés, après avoir été marqués. Les animaux qui ont été exposés à la contagion de l'une ou de l'autre de ces maladies peuvent être admis en France, à la condition qu'ils seront placés en surveillance pendant un délai de deux mois.

5° Le charbon constaté dans des arrivages par terre ou par mer entraîne l'abattage des animaux malades. Les animaux qui ont été exposés à la contagion sont repoussés après avoir été marqués, à moins que le propriétaire ne consente à ce qu'ils soient livrés immédiatement à la boucherie ou ne demande leur mise en quarantaine, avec l'inoculation obligatoire.

6° Pour la dourine, à l'arrivage par terre ou par mer, en cas de maladie constatée, les animaux sont repoussés, après avoir été marqués; en cas de doute, la mise en observation de l'animal suspect peut être autorisée. L'autorisation immédiate d'entrée peut être accordée pour les chevaux entiers, malades ou suspects, si leurs propriétaires s'engagent à les faire émasculer dans un délai de quinze jours.

7° En cas d'importation de troupeaux atteints de gale, ces troupeaux sont repoussés.

Article 71.

La durée de la quarantaine applicable à chaque maladie est déterminée par arrêté ministériel, après avis du comité consultatif des épizooties.

Article 72.

Lorsqu'une maladie contagieuse est signalée en pays étranger dans le voisinage immédiat de la frontière, le préfet du département prend un arrêté pour interdire la circulation du bétail entre les localités infectées et les communes françaises limitrophes, le même arrêté peut prescrire le dénombrement et la marque des animaux susceptibles de contracter la maladie qui sévit à l'étranger.

Pendant tout le temps qui sera fixé par l'arrêté, tout bétail nouvellement introduit devra faire l'objet d'une déclaration au maire de la commune; il sera justifié de sa provenance.

Article 73.

Lorsqu'une maladie contagieuse se déclare en pays étranger dans le voisinage de la frontière, un arrêté du ministre de l'agriculture peut interdire momentanément l'introduction des animaux par les bureaux de douane de la partie de frontière menacée.

Article 74.

Lorsqu'une commune française qui possède un bureau de douane ouvert à l'importation des animaux sera déclarée infectée en totalité ou en partie, un arrêté ministériel pourra interdire momentanément l'introduction des animaux par ce point de la frontière ou déterminer les routes et chemins que devront suivre les animaux pour éviter de traverser la commune infectée.

CHAPITRE II.

Exportation des animaux.

Article 75.

Un décret du Président de la République détermine les ports de mer ouverts à la sortie des animaux.

Article 76.

Les animaux exportés par mer ne peuvent être embarqués que sur la présentation d'un certificat de santé délivré par un vétérinaire délégué à cet effet par le ministre de l'agriculture.

Les frais de la visite sont à la charge de l'expéditeur; ils sont perçus par le vétérinaire, d'après un tarif fixé par le ministre. La taxe est due pour chaque tête de bétail visité, que l'embarquement ait été autorisé ou non.

Article 77.

Avant l'embarquement, le vétérinaire délégué s'assure que la partie du navire dans laquelle le bétail doit être placé est dans un état de propreté et de salubrité convenables. Il peut en requérir le nettoyage et la désinfection.

Article 78.

Les animaux reconnus malades ou suspects par le vétérinaire délégué sont traités comme il est dit au titre III, chapitre 1ᵉʳ (*Foires et marchés*).

Article 79.

Immédiatement après chaque départ, tous les emplacements où ont stationné les animaux sont nettoyés et désinfectés, ainsi que tous apparaux, passerelles, etc. qui ont servi à l'embarquement.

TITRE III.
Dispositions générales.

CHAPITRE PREMIER.
Foires et marchés.

Article 80.

Les emplacements affectés aux foires et marchés à bestiaux sont divisés en compartiments pour chaque espèce d'animaux, avec des entrées spéciales, autant que faire se peut.

Si l'emplacement le permet, il est réservé un espace libre entre les animaux appartenant à des propriétaires différents.

Article 81.

Le vétérinaire préposé à l'inspection sanitaire des animaux conduits aux foires et marchés est tenu de porter immédiatement à la connaissance de l'autorité locale tous les cas de maladie contagieuse ou de suspicion constatés par lui. La police fait immédiatement mettre en fourrière les animaux atteints ou suspects de maladies contagieuses.

Le vétérinaire fait son enquête sans délai et propose l'adoption des mesures de précaution nécessaires.

Article 82.

Dans le cas de constatation de maladie contagieuse, le maire de la commune d'où proviennent les animaux en est immédiatement informé par un avis mentionnant le nom du propriétaire. Sur cet avis, le maire prend les mesures prescrites par la loi et le présent règlement.

Article 83.

Lorsque la maladie constatée est la peste bovine, tous les animaux des espèces bovine, ovine et caprine présents sur le marché sont immédiatement séquestrés, et il est procédé conformément aux dispositions du titre Iᵉʳ, chapitre II, section 1ʳᵉ.

Article 84.

Lorsque la maladie constatée est la péripneumonie, tous les animaux malades sont mis en fourrière pour être abattus, soit dans la localité même, soit à l'abattoir le plus voisin.

Toutes les bêtes bovines appartenant au propriétaire des animaux malades et celles qui ont été en contact avec elles sont considérées comme suspectes; elles ne peuvent être vendues que pour la boucherie. Toutefois, si les propriétaires préfèrent les conserver, elles sont reconduites dans leur étable et soumises aux prescriptions de la loi et du présent règlement.

Dans le cas de transfert à l'abattoir, les animaux sont préalablement marqués et il est délivré par le maire un laissez-passer, comme il est dit à l'article 23.

Article 85.

Lorsque la maladie constatée est· la fièvre aphtheuse, les animaux malades sont mis en fourrière et séquestrés jusqu'à complète guérison. Pendant la durée de la séquestration, le propriétaire peut faire abattre ses animaux, soit dans la localité même, soit à l'abattoir le plus voisin.

Dans le cas de transfert à l'abattoir, les animaux sont préalablement marqués, et il est délivré un laissez-passer, comme il est dit à l'article 30.

Ceux qui ont été en contact avec les bêtes reconnues malades sont signalés aux maires des communes où ils sont envoyés.

Article 86.

Lorsque la maladie constatée est la clavelée ou la gale, ou le charbon, les animaux malades sont mis en fourrière et séquestrés jusqu'à complète guérison. Le propriétaire peut soumettre à l'inoculation propre à chaque maladie les animaux qui sont sous le coup de la clavelée ou du charbon. Quant aux animaux atteints de la gale, ils sont soumis au traitement curatif que comporte la, maladie.

Pendant la durée de la séquestration, le propriétaire peut faire abattre ses animaux malades, qui sont enfouis ou livrés à l'atelier d'équarrissage. Le transfert à l'atelier d'équarrissage ou à l'abattoir a lieu sous la surveillance d'un gardien spécial.

Les animaux qui ont été en contact avec les bêtes reconnues malades sont signalés aux maires des communes où ils sont envoyés.

Article 87.

Lorsque la maladie constatée est la morve, l'animal est saisi et abattu. Le transfert à un atelier d'équarrissage peut être ordonné par le maire après que l'animal a été marqué; il a lieu sous la surveillance d'un gardien spécial.

Immédiatement après l'abattage, l'animal est injecté à l'acide phénique ou à l'essence de térébenthine. Le vétérinaire s'assure que cette dernière prescription a été remplie.

Article 88.

Après chaque tenue de marché, le sol des halles, des étables, des parcs de comptage, de tous autres emplacements où les animaux ont stationné, et les parties en élévation qu'ils ont pu souiller, sont nettoyés et désinfectés.

CHAPITRE II.

Abattoirs.

Article 89.

Les locaux qui, dans les abattoirs ou les tueries particulières, ont contenu des animaux atteints de maladies contagieuses, sont nettoyés et désinfectés.

Les hommes employés dans les abattoirs doivent se soumettre aux mesures de désinfection jugées nécessaires.

Article 90.

Les abattoirs publics et les tueries particulières sont placés d'une manière permanente sous la surveillance d'un vétérinaire délégué à cet effet. Lorsque l'ouverture d'un animal fait reconnaître les lésions propres à une maladie contagieuse, le maire de la commune d'où provient cet animal en est immédiatement avisé, afin qu'il prenne les dispositions nécessaires.

CHAPITRE III.
Ateliers d'équarrissage.

Article 91.

Il est tenu, dans les ateliers d'équarrissage, un registre sur lequel tous les animaux sont inscrits dans l'ordre de leur arrivée; cette inscription contient le nom du propriétaire de l'animal, avec l'indication du domicile, le signalement de l'animal et le motif pour lequel il est abattu. Ce registre est parafé par le vétérinaire ·délégué à chacune de ses visites.

Article 92.

Les ateliers d'équarrissage sont placés d'une manière permanente sous la surveillance d'un vétérinaire délégué à cet effet.

CHAPITRE IV.
Transport des animaux.

Article 93.

En tout temps, quel que soit l'état sanitaire, les wagons qui ont servi au transport des animaux sont nettoyés et désinfectés après chaque voyage, dans les vingt-quatre heures qui suivent le déchargement.

Immédiatement après la sortie des animaux, il est apposé sur l'une des faces latérales du wagon un écriteau indiquant qu'il doit être désinfecté.

Article 94.

Les hangars servant à recevoir les animaux dans les gares de chemins de fer, les quais d'embarquement et de débarquement et les ponts mobiles· sont nettoyés et désinfectés après chaque expédition ou chaque arrivée d'animaux.

Article 95.

Les bateaux et navires qui ont servi au transport des animaux doivent être nettoyés, lavés et désinfectés dans le plus court délai après le déchargement. Les pontons, passerelles, etc., sont également nettoyés, lavés et désinfectés.

CHAPITRE V.
Service vétérinaire.

Article 96.

Dans chaque département, le préfet nomme autant de vétérinaires sanitaires qu'il juge nécessaires pour assurer l'exécution de la loi et des règlements sur la police sanitaire des animaux.

Le service comprend obligatoirement un vétérinaire qui a le titre de *Vétérinaire délégué, chef du service sanitaire du département.* Ce vétérinaire doit toujours se rendre sur les lieux en cas de peste bovine ou de péripneumonie.

Le ordres d'abattage ou d'inoculation ne peuvent être donnés sans son avis motivé.

Article 97.

En cas d'invasion de la peste bovine ou de la péripneumonie sur plusieurs points à la fois, le préfet peut, avec l'autorisation du ministre de l'agriculture, déléguer à plusieurs vétérinaires sanitaires les attributions et les pouvoirs conférés au vétérinaire délégué, chef du service départemental.

Article 98.

Au cas où le vétérinaire sanitaire

de la circonscription n'est pas d'accord avec le vétérinaire délégué, chef du service sanitaire du département, sur l'existence de la peste bovine ou de la péripneumonie contagieuse, avis en est donné immédiatement au ministre, qui désigne pour visiter les animaux un troisième vétérinaire.

Article 99.

Les vétérinaires sanitaires et le vétérinaire délégué, chef du service sanitaire, sont tenus, pour chaque invasion de maladie contagieuse, de faire un rapport sur l'origine de la maladie et les mesures prises.

Les vétérinaires sanitaires doivent, en outre, à la fin de chaque année, adresser au vétérinaire délégué, chef du service, un rapport général conforme aux instructions qui leur sont données ; le vétérinaire délégué, chef du service, transmet ces rapports, en les résumant dans un travail d'ensemble, au préfet, qui les envoie au ministre, avec ses observations sur la marche du service.

CHAPITRE VI.

Comité consultatif des épizooties.

Article 100.

Le comité consultatif des épizooties institué près du ministère de l'agriculture est chargé de l'étude et de l'examen de toutes les questions qui lui sont renvoyées par le ministre, spécialement en ce qui concerne :

L'application de la législation relative aux épizooties et les modifications que l'expérience pourra démontrer nécessaires :

L'organisation et le fonctionnement du service vétérinaire ;

Les mesures à appliquer pour prévenir et combattre les épizooties, ainsi que les mesures propres à améliorer les conditions hygiéniques des animaux.

Il rédige sur ces objets les instructions qu'il peut y avoir lieu de publier.

Il reçoit en communication les rapports du service sanitaire des départements, ainsi que les informations sur les maladies épizootiques à l'étranger, et indique ceux de ces renseignements qu'il peut être utile de livrer à la publicité.

Le comité présente, chaque année, au ministre, un rapport général sur l'état sanitaire des animaux pendant l'année écoulée.

Article 101.

Le comité consultatif des épizooties est composé de seize membres.

Sont de plein droit membres du comité :

1° Le directeur de l'agriculture ;

2° L'inspecteur général des écoles vétérinaires ;

3° L'inspecteur général des services sanitaires ;

4° Le chef du service vétérinaire, qui fait en même temps fonctions de secrétaire.

Le ministre de l'agriculture nomme les douze autres membres, qui sont renouvelables par tiers chaque année. Les membres sortants peuvent être renommés.

Le président est nommé par le ministre.

Article 102.

Le ministre de l'agriculture est chargé de l'exécution du présent décret, qui sera inséré au *Bulletin des lois*.

Décret du 28 juillet 1888 ajoutant de nouvelles maladies à la nomenclature des maladies des animaux qui sont réputées contagieuses.

Article 1er.

Sont ajoutées à la nomenclature des maladies des animaux qui sont réputées contagieuses et qui donnent lieu à l'application des dispositions de la loi du 21 juillet 1881 :

Le *charbon symptomatique* ou *emphysémateux*, et la *tuberculose* dans l'espèce bovine;

Le *rouget* et la *pneumo-entérite* infectieuse dans l'espèce porcine.

Nota. *A la date du 12 novembre 1887, il a été rendu un décret portant règlement d'administration publique, pour l'exécution, en Algérie, de la loi sur la police sanitaire des animaux.*

Par un autre décret en date du 29 mars 1889, la pneumo-entérite infectieuse de l'espèce porcine, ajoutée à la nomenclature des maladies contagieuses le 28 juillet 1888, a également été étendue à l'Algérie.

(V. Bull. des Lois, n° 1249, du 31 juillet 1889.)

PRESSE.

Loi du 29 juillet 1881 sur la liberté de la presse.

. . . .

Article 2.

Tout imprimé rendu public, à l'exception des ouvrages dits de ville ou bilboquets, portera l'indication du nom et du domicile de l'imprimeur, à peine, contre celui-ci, d'une amende de 5 francs à 15 francs. — La peine de l'emprisonnement pourra être prononcée si, dans les douze mois précédents, l'imprimeur a été condamné pour contravention de même nature.

. . . .

Article 4.

Les dispositions qui précèdent sont applicables à tous les genres d'imprimés ou de reproductions destinés à être publiés. — Toutefois, le dépôt prescrit par l'article précédent sera de trois exemplaires pour les estampes, la musique, et en général les reproductions autres que les imprimés.

. . . .

Article 15.

Dans chaque commune, le maire désignera, par arrêté, les lieux exclusivement destinés à recevoir les affiches des lois et autres actes de l'autorité publique. — Il est interdit d'y placarder des affiches particulières. — Les affiches des actes émanés de l'autorité seront seules imprimées sur papier blanc. — Toute contravention aux dispositions du présent article sera punie des peines portées en l'article 2.

Article 16.

Les professions de foi, circulaires et affiches électorales pourront être placardées, à l'exception des emplacements réservés par l'article précédent, sur tous les édifices publics, autres que les édifices consacrés aux cultes, et particulièrement aux abords des salles de scrutin.

Article 17.

Ceux qui auront enlevé, déchiré, recouvert ou altéré par un procédé quelconque, de manière à les travestir ou à les rendre illisibles, des affiches apposées par ordre de l'administration dans les emplacements à ce réservés, seront punis d'une amende de 5 francs à 15 francs. — Si le fait a été commis par un fonctionnaire ou un agent de l'autorité publique, la peine sera d'une amende de 16 francs à 100 francs, d'un emprisonnement de six jours à un mois, ou de l'une de ces deux peines seulement. — Seront punis d'une amende de 5 francs à 15 francs ceux qui auront enlevé, déchiré, recouvert ou altéré par un procédé quelconque, de manière à les travestir ou à les rendre illisibles, des affiches électorales émanant de simples particuliers, apposées ailleurs que sur les propriétés de ceux qui auront commis cette lacération ou altération. — La peine sera d'une amende de 16 à 100 francs et d'un emprisonnement de six jours à un mois, ou de l'une de ces deux peines seulement, si le fait a été commis par un fonctionnaire ou agent de l'autorité publique, à moins que les affiches n'aient été apposées dans les emplacements réservés par l'article 15.

Article 18.

Quiconque voudra exercer la profession de colporteur ou de distributeur sur la voie publique ou en tout autre lieu public ou privé, de livres, écrits, brochures, journaux, dessins, gravures, lithographies et photographies sera tenu d'en faire la déclaration à la préfecture du département où il a son domicile. — Toutefois, en ce qui concerne les journaux et autres feuilles périodiques, la déclaration pourra être faite, soit à la mairie de la commune dans laquelle doit se faire la distribution, soit à la sous-préfecture. Dans ce dernier cas, la déclaration produira son effet pour toutes les communes de l'arrondissement.

Article 19.

La déclaration contiendra les nom, prénoms, profession, domicile, âge et lieu de naissance du déclarant. —

Il sera délivré immédiatement et sans frais au déclarant un récépissé de sa déclaration.

. . . .

. . . .

Article 21.

L'exercice de la profession de colporteur ou de distributeur sans déclaration préalable, la fausseté de la déclaration, le défaut de présentation à toute réquisition du récépissé constituent des contraventions. — Les contrevenants seront punis d'une amende de 5 francs à 15 francs et pourront l'être, en outre, d'un emprisonnement d'un à cinq jours. En cas de récidive ou de déclaration mensongère, l'emprisonnement sera nécessairement prononcé.

. . . .

. . . .

Article 23.

Seront punis comme complices d'une action qualifiée crime ou délit ceux qui, soit par des discours, cris ou menaces proférés dans des lieux ou réunions publics, soit par des écrits, des imprimés vendus ou distribués, mis en vente ou exposés dans les lieux ou réunions publics, soit par des placards ou affiches, exposés aux regards du public, auront directement provoqué l'auteur ou les auteurs à commettre ladite action, si la provocation a été suivie d'effet.

Cette disposition sera également applicable lorsque la provocation n'aura été suivie que d'une tentative de crime prévue par l'article 2 du Code pénal.

. . . .

. . . .

Article 28.

L'outrage aux bonnes mœurs commis par l'un des moyens énoncés en l'article 23 sera puni d'un emprisonnement de un mois à deux ans et d'une amende de 16 francs à 2,000 francs. — Les mêmes peines seront applicables à la mise en vente, à la distribution ou à l'exposition de dessins, gravures, peintures, emblèmes ou images obscènes. Les exemplaires de ces dessins, gravures, peintures, emblèmes ou images obscènes exposés au regard du public, mis en vente, colportés ou distribués, seront saisis.

. . . .

. . . .

Article 32.

La diffamation, commise envers les particuliers par l'un des moyens énoncés en l'article 23 et en l'article 28 sera punie d'un emprisonnement de cinq jours à six mois et d'une amende de 25 francs à 2,000 francs ou de l'une de ces deux peines seulement.

Article 33.

L'injure, commise par les mêmes moyens envers les corps ou les personnes désignés par les articles 30 et 31 de la présente loi, sera punie d'un emprisonnement de six jours à trois mois et d'une amende de 18 francs à 500 francs ou de l'une de ces deux peines seulement. — L'injure commise de la même manière envers les particuliers, lorsqu'elle n'aura pas été précédée de provocation, sera punie d'un emprisonnement de cinq jours à deux mois et d'une amende de 16 francs à 300 francs ou de l'une de ces deux peines seulement. — Si l'injure n'est pas publique, elle ne sera punie que de la peine prévue par l'article 471 du Code pénal.

. . . .

. . . .

Article 45.

Les crimes et délits prévus par la présente loi sont déférés à la cour d'assises. — Sont exceptés et déférés aux tribunaux de police correctionnelle les délits et infractions prévus par les articles 3, 4, 9, 10, 11, 12, 13, 14, 17 paragraphes 2 et 4, 28 paragraphe 2, 32, 33 paragraphe 2, 38, 39 et 40 de la présente loi. — Sont encore exceptées et renvoyées devant les tribunaux de simple police les contraventions prévues par les articles 2, 15, 17 paragraphes 1er et 3, 21 et 33 paragraphe 3, de la présente loi.

. . . .

. . . .

Article 60.

La poursuite devant les tribunaux correctionnels et de simple police aura lieu conformément aux dispositions du chapitre 2 du titre 1er du livre II du Code d'instruction criminelle, sauf les modifications suivantes : 1º Dans le cas de diffamation envers les particuliers, prévu par l'article 32, et dans le cas d'injure prévu par l'article 33, paragraphe 2, la poursuite n'aura lieu que sur la plainte de la personne diffamée ou injuriée ; 2º En cas de diffamation ou d'injure pendant la période électorale contre un candidat à une fonction élective, le délai de la citation sera réduit à vingt-quatre heures, outre le délai de distance ; 3º La citation précisera et qualifiera le fait incriminé ; elle indiquera le texte de la loi applicable à la poursuite le tout à peine de nullité de ladite poursuite. — Sont applicables au cas de poursuite et de condamnation les dispositions de l'article 48 de la présente loi. — Le désistement du plaignant arrêtera la poursuite commencée.

. . . .

. . . .

Article 63.

L'aggravation des peines résultant de la récidive ne sera pas applicable aux infractions prévues par la présente loi. — En cas de conviction de plusieurs crimes ou délits prévus par la présente loi, les peines ne se cumuleront pas, et la plus forte sera seule prononcée.

Article 64

L'article 463 du Code pénal est applicable dans tous les cas prévus par la présente loi. Lorsqu'il y aura lieu de faire cette application, la peine prononcée ne pourra excéder la moitié de la peine édictée par la loi.

. . . .

RÉQUISITIONS MILITAIRES.

Loi du 3 juillet 1877 relative aux réquisitions militaires.

. . . .

Article 21.

Dans le cas de refus de la municipalité (*de répartir entre les habitants les prestations requises*) le maire, ou celui qui en fait fonctions, peut être condamné à une amende de 25 à 500 francs.

Si le fait provient du mauvais vouloir des habitants, le recouvrement des prestations est assuré au besoin par la force ; en outre, les habitants qui n'obtempèrent pas aux ordres de réquisition, sont passibles d'une amende qui peut s'élever au double de la valeur de la prestation requise.

En temps de paix, quiconque abandonne le service pour lequel il est requis personnellement est passible d'une amende de 16 à 50 francs.

En temps de guerre, et par application des dispositions portées à l'article 62 du Code de justice militaire, il est traduit devant le conseil de guerre et peut être condamné à la peine de l'emprisonnement de six jours à cinq ans dans les termes de l'article 194 du même Code.

. . . .

Décret du 2 août 1877 portant règlement d'administration publique sur les réquisitions militaires.

. . . .

Article 35.

Les réquisitions sont toujours adressées au maire de chaque commune, ou, en son absence, à son suppléant légal sauf dans les cas prévus au paragraphe 1er de l'article 19 de la loi du 3 juillet 1877 et sous réserves des peines édictées à l'article 21 de ladite loi.

. . . .

RÉUNIONS PUBLIQUES.

Loi du 30 juin 1881 sur la liberté de réunion.

Article 1er.

Les réunions publiques sont libres. — Elles peuvent avoir lieu sans autorisation préalable, sous les conditions prescrites par les articles suivants :

Article 2.

Toute réunion publique sera précédée d'une déclaration indiquant le lieu, le jour, l'heure de la réunion. Cette déclaration sera signée par deux personnes au moins, dont l'une domiciliée dans la commune où la réunion doit avoir lieu. — Les déclarants devront jouir de leurs droits civils et politiques, et la déclaration indiquera leurs noms, qualités et domiciles. — Les déclarations sont faites : à Paris, au préfet de police ; dans les chefs-lieux de département, au préfet ; dans les chefs-lieux d'arrondissement, au sous-préfet, et dans les autres communes, au maire. Il sera donné immédiatement récépissé de la déclaration.

Dans le cas où le déclarant n'aurait pu obtenir de récépissé, l'empêchement ou le refus pourra être constaté par acte extrajudiciaire ou par attestation signée de deux citoyens domiciliés dans la commune.

Le récépissé, ou l'acte qui en tiendra lieu, constatera l'heure de la déclaration.

La réunion ne peut avoir lieu qu'après un délai d'au moins vingt-quatre heures.

. . . .

. . . .

Article 6.
Les réunions ne peuvent être tenues sur la voie publique ; elles ne peuvent se prolonger au delà de onze heures du soir ; cependant dans les localités où la fermeture des établissements publics a lieu plus tard, elles pourront se prolonger jusqu'à l'heure fixée pour la fermeture de ces établissements.

. . . .

. . . .

Article 10.
Toute infraction aux dispositions de la présente loi sera punie des peines de simple police, sans préjudice des poursuites pour crimes et délits qui pourraient être commis dans les réunions.

Article 11.
L'article 463 du Code pénal est applicable aux contraventions prévues par la présente loi. L'action publique et l'action privée se prescrivent par six mois.

. . . .

. . . .

ROULAGE.

Loi du 30 mai-8 juin 1851, sur la police du roulage et des messageries publiques.

Article 2.
Des règlements d'administration publique déterminent :

§ Ier. *Pour toutes les voitures.* — 1° La forme des moyeux, le maximum de la longueur des essieux, et le maximum de leur saillie au delà des moyeux ; — 2° La forme des bandes des roues ; — 3° La forme des clous des bandes ; — 4° Les conditions à observer pour l'emplacement et les dimensions de la plaque prescrite par l'article 3 ; — 5° Le maximum du nombre des chevaux de l'attelage que peut comporter la police ou la libre circulation des routes ; 6° Les mesures à prendre pour régler momentanément la circulation pendant les jours de dégel et les précautions à prendre pour la protection des ponts suspendus.

§ II. *Pour les voitures ne servant pas au transport des personnes.* — 1° La largeur du chargement ; — 2° La saillie des colliers des chevaux ; — 3° Les modes d'enrayage ; — 4° Le nombre des voitures qui peuvent être réunies en un même convoi, l'intervalle qui doit rester libre d'un convoi à un autre et le nombre de conducteurs exigé pour la conduite de chaque convoi ; — 5° Les autres mesures de police à observer pour les conducteurs, notamment en ce qui concerne le stationnement sur les routes, et les règles à suivre pour éviter ou dépasser d'autres voitures. — Sont affranchies de toute réglementation de largeur de chargement les voitures de l'agriculture servant au transport des récoltes de la ferme aux champs et des champs à la ferme ou au marché.

§ III. *Pour les voitures de messageries.* — 1° Les conditions relatives à la solidité et à la stabilité des voitures; — 2° Le mode de chargement, de conduite et d'enrayage des voitures; — 3° Le nombre de personnes qu'elles peuvent porter; — 4° La police des relais; — 5° Les autres mesures de police à observer par les conducteurs, cochers ou postillons, notamment pour éviter ou dépasser d'autres voitures.

Article 3.

Toute voiture circulant sur les routes nationales, départementales et chemins vicinaux de grande communication doit être munie d'une plaque conforme au modèle prescrit par le règlement d'administration publique rendu en vertu du n° 4 du premier paragraphe de l'article 2. — Sont exceptées de cette disposition, — 1° Les voitures particulières destinées au transport des personnes, mais étrangères à un service public des messageries; — 2° Les malles-postes et autres voitures appartenant à l'administration des postes; — 3° Les voitures d'artillerie, chariots et fourgons appartenant au département de la guerre et de la marine. — Des décrets du Président de la République déterminent les marques distinctives que doivent porter les voitures désignées aux paragraphes 2 et 3, et les titres dont leurs conducteurs doivent être munis; — 4° Les voitures employées à la culture des terres, au transport des récoltes, à l'exploitation des fermes, qui se rendent de la ferme aux champs ou des champs à la ferme, ou qui servent au transport des objets récoltés du lieu où ils ont été recueillis jusqu'à celui où, pour les conserver ou les manipuler, le cultivateur les dépose ou les rassemble.

. . . .

Article 5.

Toute contravention aux règlements rendus en exécution des dispositions des n°ˢ 4 et 5 du deuxième paragraphe de l'article 2 est punie d'une amende de six à dix francs et d'un emprisonnement de un à trois jours. En cas de récidive, l'amende pourra être portée à quinze francs et l'emprisonnement à cinq jours.

. . . .

Article 7.

Tout propriétaire d'une voiture circulant sur des voies publiques sans qu'elle soit munie de la plaque prescrite par l'article 3 et par les règlements rendus en exécution du n° 4 du premier paragraphe de l'article 2, sera puni d'une amende de six à quinze francs, et le conducteur d'une amende de un à cinq francs.

Article 8.

Tout propriétaire ou conducteur de voiture qui aura fait usage d'une plaque portant un nom ou domicile faux ou supposé sera puni d'une amende de cinquante à deux cents francs et d'un emprisonnement de six jours au moins et de six mois au plus. — La même peine sera applicable à celui qui, conduisant une voiture dépourvue de plaque, aura déclaré un nom ou domicile autre que le sien ou que celui du propriétaire pour le compte duquel la voiture est conduite.

. . . .

Article 13.

Tout propriétaire de voiture est responsable des amendes, des dommages-intérêts et des frais de réparation prononcés, en vertu des articles du présent titre, contre toute personne préposée par lui à la conduite de sa voiture.

Si la voiture n'a pas été conduite par ordre ou pour le compte du propriétaire, la responsabilité est encourue pour celui qui a préposé le conducteur.

Article 14.

Les dispositions de l'article 463 du Code pénal sont applicables dans tous les cas où les tribunaux correctionnels ou de simple police prononcent en vertu de la présente loi.

. . . .

. . . .

Décret du 10 août 1852 portant règlement sur la police du roulage.

. . . .

. . . .

Article 9.

Tout roulier ou conducteur de voiture doit se ranger à sa droite, à l'approche de toute autre voiture, de manière à lui laisser libre au moins la moitié de la chaussée.

Article 10.

Il est interdit de laisser stationner sans nécessité sur la voie publique aucune voiture attelée ou non attelée.

. . . .

. . . .

Article 13.

Lorsque plusieurs voitures marchent à la suite les unes des autres, elles doivent être distribuées en convois de quatre voitures au plus si elles sont à quatre roues et attelées d'un seul cheval; de trois voitures au plus si elles sont à deux roues et attelées d'un seul cheval; et de deux voitures au plus si l'une d'elles est attelée de plus d'un cheval.

L'intervalle d'un convoi à l'autre ne peut être moindre de cinquante mètres.

Article 14.

Tout voiturier ou conducteur doit se tenir constamment à portée de ses chevaux ou bêtes de trait et en position de les guider.

Il est interdit de faire conduire par un seul conducteur plus de quatre voitures à un cheval si elles sont à quatre roues, et plus de trois voitures à un cheval si elles sont à deux roues.

Chaque voiture attelée de plus d'un cheval doit avoir un conducteur. Toutefois, une voiture dont le cheval est attaché derrière une voiture attelée de quatre chevaux au plus n'a pas besoin d'un conducteur particulier. — Les règlements de police municipale détermineront, en ce qui concerne la traverse des villes, bourgs et villages, les restrictions qui peuvent être apportées aux dispositions du présent article et de celui qui précède.

Article 15.

Aucune voiture marchant isolément ou en tête d'un convoi ne pourra circuler pendant la nuit sans être pourvue d'un fallot ou d'une lanterne allumée.

Cette disposition pourra être appliquée aux voitures d'agriculture par des arrêtés des préfets ou des maires.

Article 16.

Tout propriétaire de voiture ne servant pas au transport des personnes est tenu de faire placer, en avant des roues, et au côté gauche de sa voiture, une plaque métallique portant, en caractères apparents et lisibles ayant au moins cinq millimètres de hauteur, ses nom, prénoms et profession, le nom de la commune, du canton et du département de son domicile.

Sont exceptées de cette disposition, conformément à la loi du 30 mai 1851 :

1° Les voitures particulières destinées au transport des personnes, mais étrangères à un service public de messageries;

2° Les malles-postes et autres voitures appartenant à l'administration des postes;

3° Les voitures d'artillerie, chariots et fourgons appartenant aux départements de la guerre et de la marine.

Des décrets du Président de la République déterminent les marques distinctives que doivent porter les voitures désignées aux paragraphes 2 et 3, et les titres dont leurs conducteurs doivent être munis.

4° Les voitures employées à la culture des terres, au transport des récoltes, à l'exploitation des fermes, qui se rendent de la ferme aux champs ou des champs à la ferme, ou qui servent au transport des objets récoltés du lieu où ils ont été recueillis jusqu'à celui où, pour les conserver ou les manipuler, le cultivateur les dépose ou les rassemble.

. . . .

. . . .

TISSAGE ET BOBINAGE.

Loi du 7 mars 1850 sur le tissage et le bobinage.

Article 1er.

Tout fabricant, commissionnaire ou intermédiaire qui livrera des fils pour être tissés, sera tenu d'inscrire, au moment de la livraison, sur un livret spécial, appartenant à l'ouvrier et laissé entre ses mains :

1° Le poids et la longueur de la chaîne.

2° Le poids de la trame et le nombre de fils de trame à introduire par unité de surface de tissu;

3° Les longueur et largeur de la pièce à fabriquer;

4° Le prix de façon soit au mètre de tissu fabriqué, soit au mètre de longueur ou au kilogramme de la trame introduite dans le tissu.

Article 2.

Tout fabricant, commissionnaire ou intermédiaire qui livrera des fils pour être bobinés, sera tenu d'inscrire sur un livret spécial appartenant à l'ouvrier et laissé entre ses mains :

1° Le poids brut et le poids net de la matière à travailler;

2° Le numéro du fil;

3° Le prix de façon, soit au kilogramme de matière travaillée, soit au mètre de longueur de cette même matière.

Article 3.

Le prix de façon sera indiqué en monnaie légale sur le livret par le fabricant, commissionnaire ou intermédiaire.

Toute convention contraire sera mentionnée, par lui, sur le livret.

Article 4.

L'ouvrage exécuté sera remis au fabricant, commissionnaire ou intermédiaire de qui l'ouvrier aura directement reçu la matière première.

Le compte de façon sera arrêté au moment de cette remise.

Toute convention contraire aux deux paragraphes précédents sera mentionnée sur le livret par le fabricant, commissionnaire ou intermédiaire.

Article 5.

Le fabricant, commissionnaire ou intermédiaire inscrira sur un registre d'ordre toutes les mentions portées au livret spécial de l'ouvrier.

Article 6.

Le fabricant, commissionnaire ou

intermédiaire tiendra constamment exposé aux regards dans le lieu où se règlent habituellement les comptes entre lui et l'ouvrier : 1° les instruments nécessaires à la vérification des poids et mesures ; 2° un exemplaire de la présente loi en forme de placard.

Article 7.

A l'égard des industries spéciales auxquelles serait inapplicable la fixation du prix de façon soit au mètre de tissu fabriqué, soit au mètre de longueur de la trame introduite dans le tissu, ou bien soit au kilogramme de matière travaillée, soit au mètre de longueur de cette même matière, le pouvoir exécutif pourra déterminer un autre mode, par des arrêtés en forme de règlements d'administration publique, après avoir pris l'avis des chambres de commerce, des chambres consultatives et des conseils de prud'hommes, et, à leur défaut, des conseils de préfecture.

Il pourra pareillement par des arrêtés rendus en la même forme étendre les dispositions de la présente loi aux industries qui se rattachent au tissage et au bobinage.

En l'un et l'autre cas, ces arrêtés seront soumis à l'approbation de l'assemblée législative dans les trois ans qui suivront leur promulgation.

Article 8.

Seront punis d'une amende de onze à quinze francs :

1° Les contraventions aux articles 1, 2, 3, 5 et 6 ;

2° Les contraventions à la disposition finale de l'article 4 et aux arrêtés pris en exécution de l'article 7.

Il sera prononcé autant d'amendes qu'il y aura été commis de contraventions distinctes.

Article 9.

Si dans les douze mois qui ont précédé la contravention, le contrevenant a encouru une condamnation pour infraction à la présente loi, ou aux arrêtés pris en exécution de l'article 7 de cette loi, le tribunal peut ordonner l'insertion du nouveau jugement dans un journal de la localité, aux frais du condamné.

Loi du 21 juillet 1856 qui étend à la coupe du velours de coton ainsi qu'à la teinture, au blanchiment et à l'apprêt des étoffes, les dispositions de la loi sur le tissage et le bobinage.

Article 1er.

Tout fabricant, commissionnaire ou intermédiaire qui livre à un ouvrier une pièce de velours de coton pour être coupée, est tenu d'inscrire au moment de la livraison, sur un livre spécial appartenant à l'ouvrier, et laissé entre ses mains :

1° Les longueur, largeur et poids de la pièce à couper ;

2° Le prix de façon, au mètre de longueur.

Article 2.

Tout fabricant, commissionnaire ou intermédiaire qui livre à un ouvrier une pièce d'étoffe pour être teinte, blanchie ou apprêtée, est tenu d'inscrire, au moment de la livraison, sur un livre spécial appartenant à l'ouvrier et laissé entre ses mains :

1° Les longueur, largeur et poids de la pièce à teindre, blanchir ou apprêter ;

2° Le prix de façon, soit au mètre de longueur de la pièce, soit au kilogramme de son poids.

Article 3.

Les articles 3, 4, 5, 6, 8 et 9 de la loi du 7 mars 1850 sont applica-

bles à la coupe du velours de coton, ainsi qu'à la teinture, au blan-

chiment et à l'apprêt des étoffes.
. . . .

VIOLENCES LÉGÈRES.

Loi du 3 brumaire an IV.

Article 600.

Les peines de simple police sont
celles qui consistent dans une amende
de la valeur de trois journées de travail ou au-dessous ou dans un emprisonnement qui n'excède pas trois
jours. Elles se prononcent par les
tribunaux de police (*modifié art. 464
du Code pénal*).
. . . .
. . . .

Article 605.

Seront punis des peines de simple
police : — 1° Ceux qui négligent d'é-
clairer ou nettoyer les rues devant
leurs maisons, dans les lieux où ce
soin est à la charge des habitants ; —
2° Ceux qui embarrassent ou dégra-
dent les voies publiques ; — 3° Ceux
qui contreviennent à la défense de
rien exposer sur les fenêtres ou au-
devant de leurs maisons sur la voie
publique, de rien jeter qui puisse
nuire ou endommager par sa chute,
ou causer des exhalaisons nuisibles ;
— 4° Ceux qui laissent divaguer des
insensés ou furieux, ou des animaux
malfaisants ou féroces ; — 5° Ceux
qui exposent en vente des comestibles gâtés, corrompus ou nuisibles ;
— 6° Les boulangers et bouchers qui
vendent le pain ou la viande au delà
du prix fixé par la taxe légalement
faite et publiée ; — 7° Les auteurs
d'injures verbales, dont il n'y a pas
de poursuite par la voie criminelle ;
— 8° Les auteurs de rixes, attroupements injurieux ou nocturnes, voies
de fait et violences légères, pourvu
qu'ils n'aient blessé ni frappé per-

sonne, et qu'ils ne soient pas notés,
d'après les dispositions de la loi du
19 juillet 1791, comme gens sans
aveu, suspects ou mal intentionnés,
auxquels cas ils ne peuvent être jugés
que par le tribunal correctionnel ; —
9° Les personnes coupables des délits
mentionnés dans le titre II de la loi
du 28 septembre 1791, sur la police
rurale, lesquelles, d'après ses dispositions, étaient dans le cas d'être jugées par voie de police municipale.

Article 606.

Le tribunal de police gradue, selon
les circonstances, et le plus ou moins
de gravité du délit, les peines qu'il
est chargé de prononcer, sans néanmoins qu'elles puissent, en aucun
cas, ni être au-dessous d'une amende
de la valeur d'une journée de travail
ou d'un jour d'emprisonnement, ni
s'élever au-dessus de la valeur de
trois journées de travail ou de trois
jours d'emprisonnement.

Article 607.

En cas de récidive les peines suivent la proportion réglée par les lois
des 19 juillet et 28 septembre 1791,
et ne peuvent, en conséquence, être
prononcées que par le tribunal correctionnel.

Article 608.

Pour qu'il y ait lieu à une augmentation de peine pour récidive,
il faut qu'il y ait eu un premier
jugement rendu contre le prévenu
pour pareil délit, dans les douze
mois précédents, et dans le ressort
du même tribunal de police.
. . . .

VOIRIE (constructions et travaux exécutés sans autorisation).

Edit de décembre 1607, sur les attributions du grand-voyer, la juridiction en matière de voirie et la police des rues et chemins.

. . . .

Article 4.

Deffendons à nostredict grand-voyer ou ses commis (*aujourd'hui les préfets et maires*) de permettre qu'il soit fait aucunes saillies, avances et pans de bois aux bâtimens neufs, et mesme à ceux où il y en a à présent, de contraindre les réédifier, n'y faire ouvrage qui les puissent conforter, conserver et soutenir, n'y faire aucun encorbellement en avance pour porter aucun mur, pan de bois ou autres choses en saillie, et porter à faux sur lesdites rues, ains faire le tout continuer à plomb, depuis le rez-de-chaussée tout contremont, et pourvoir à ce que les rues s'embellissent et élargissent au mieux que faire se pourra, et en baillant par lui les alignemens, redressera les murs où il y aura ply ou coude, et de tout sera tenu de donner par écrit son procès-verbal de lui signé ou de son greffier, portant l'alignement desdits édifices de deux toises en deux toises, à ce qu'il n'y soit contrevenu : pour lesquels alignemens nous lui avons ordonné soixante sols parisis par maison, payables par les particuliers qui feront faire lesdites édifications sur ladite voyrie, encore qu'il y eût plusieurs alignemens en icelle, n'estant compté que pour un seul.

Article 5.

Comme aussi nous deffendons à tous nosdits sujets de ladite ville, fauxbourgs, prévosté et vicomté de Paris, et autres villes de ce royaume, faire aucun édifice, pan de mur, jambes, estriers, encoigneures, caves n'y caval, forme ronde en saillie, siéges, barrières, contre-fenestre, huis de caves, bornes, pas, marches, siéges, montoirs à cheval, auvens, enseignes, établis, cages de menuiserie, châssis à verre et autres avances sur ladite voyrie, sans le congé et alignement de nostredict grand-voyer ou desdicts commis. Pourquoy faire nous lui avons attribué et attribuons la somme de soixante sols tournois, et après la perfection d'iceux, seront tenus lesdits particuliers d'en avertir ledit grand-voyer ou son commis, afin qu'il récolle lesdits alignemens, et reconnoisse si lesdicts ouvriers auront travaillé suivant iceux, sans toutes fois payer aucune chose pour ledit récolement et. confrontation, et où il se trouveroit qu'ils ·auroient contrevenu auxdits alignemens, seront lesdits particuliers assignez par-devant le prévost de Paris ou son lieutenant, pour voir ordonner que la besogne mal plantée sera abattue, et condamnez à telle amende que de raison, applicable comme dessus

. . . .

CONTRAVENTIONS ET JUGEMENTS
EN MATIÈRE DE POLICE, COMPÉTENCE, RÉCIDIVE, VOIES DE RECOURS, ETC.

D'après l'article 1er du Code pénal, les infractions que les lois punissent des peines de simple police sont des contraventions.

A la différence de celles qui constituent des crimes ou des délits et qui sont punies de peines beaucoup plus sévères, ces infractions sont ordinairement peu graves puisqu'elles n'entraînent qu'une amende de quinze francs ou un emprisonnement de cinq jours au maximum et dans quelques cas seulement la confiscation d'objets saisis et l'affiche du jugement.

Très souvent ces infractions sont commises sans intention de causer un préjudice à autrui et quelquefois même d'une manière tout à fait involontaire, aussi arrive-t-il fréquemment, que les condamnations qui en sont les conséquences ne portent pas atteinte à l'honneur ou à la considération.

Les contraventions sont jugées par les tribunaux de simple police qui recherchent le fait matériel sans trop se préoccuper de l'intention coupable qui souvent n'existe pas. Ils appliquent les pénalités sans admettre d'excuses à moins qu'elles soient le résultat de la force majeure ou de la nécessité. Dans les autres cas, les excuses peuvent amener une modération dans l'application de la peine mais ne peuvent faire disparaître la contravention, ni exonérer le contrevenant de la condamnation.

Les contraventions sont divisées en trois classes principales :

La première comprend celles prévues et punies par l'article 471 du Code pénal;

La seconde celles prévues et punies par l'article 475 ;

La troisième celles prévues et punies par l'article 479.

Il existe encore d'autres contraventions concernant les infractions aux dispositions du Code rural, du Code forestier et de lois spéciales, dont les pénalités consistent en amendes équivalentes à des journées de travail, en sommes variant de 1 à 15 francs, ou en un emprisonnement de un à cinq jours.

Sauf quelques rares exceptions, c'est le tribunal de police du canton dans le ressort duquel la contravention a été commise, qui est compétent pour la juger.

Il est incompétent pour connaître des contraventions forestières poursuivies au nom de l'administration générale des forêts (art. 171 C. F., et 179 C. I. cr.).

Il en est de même lorsque l'infraction qualifiée contravention, constitue un délit.

Il est également incompétent si la pénalité édictée par la loi excède cinq jours d'emprisonnement ou 15 francs d'amende, sauf dans le cas spécialement prévu par la loi du 21 juillet 1881 sur la police sanitaire des animaux qui permet de prononcer une amende de 200 francs, et encore dans le cas de tumulte ou voies de fait à l'audience, cas qui permet, même à un juge seul, d'appliquer des peines correctionnelles (art. 505 C. I. cr.).

Le tribunal de police est encore incompétent pour connaître des contraventions commises par des militaires en activité de service dans leur lieu de garnison, mais il est compétent dans le cas où les contraventions sont commises collectivement par des militaires et des civils.

Lorsqu'il s'agit de dommages réclamés par une partie civile, le tribunal de police peut prononcer, indépendamment de la condamnation pénale, une condamnation supérieure au taux de la compétence du juge de paix en matière civile, c'est-à-dire supérieure à 200 francs, mais en ce cas, la réparation civile doit être prononcée par le jugement même qui statue sur la contravention.

En matière de contraventions de police, la complicité n'est pas admise mais les coauteurs doivent également être condamnés comme contrevenants.

La peine d'emprisonnement prévue est généralement facultative, mais en cas de récidive elle devient souvent obligatoire, elle doit alors être prononcée à moins de circonstances atténuantes.

Les articles 474, 478 et 482 du Code pénal, ainsi que les lois et règlements particuliers prévoyant la récidive, indiquent les peines à appliquer en ce cas.

Il y a récidive lorsque, dans les douze mois précédents, une condamnation définitive a été prononcée contre la même personne dans le ressort du même canton.

En matière de contravention à la loi sur la vente des engrais il n'y a récidive qu'après un délai de trois années.

L'action publique résultant des contraventions de police, sauf quelques cas particuliers, et notamment en cas d'infraction aux lois sur la presse et les réunions publiques, se prescrit par une année; elle s'éteint par le décès du contrevenant.

Les peines étant essentiellement personnelles, elles ne sont pas applicables aux personnes civilement responsables.

Les peines de police se prescrivent par deux années, à compter de la condamnation devenue définitive.

La loi du 27 janvier 1873 a attribué la connaissance des affaires de simple police, aux juges de paix d'une manière exclusive.

Les jugements de simple police sont, selon les cas, susceptibles d'opposition, d'appel et de recours en cassation conformément aux articles 151, 172 et 177 du Code d'instruction criminelle.

TABLEAU ALPHABÉTIQUE

DES

CONTRAVENTIONS ET PÉNALITÉS

DE SIMPLE POLICE

CONTRAVENTIONS.	ARTICLES DE LOI applicables.	PÉNALITÉS ÉDICTÉES.	CAS DE RÉCIDIVE.	PAGES DES TEXTES.
ABATTOIRS.				
— Inobservation des prescriptions contenues au décret du 22 juin 1882, portant règlement d'administration publique pour l'exécution de la loi sur la police sanitaire des animaux.	Loi du 21 juill. 1881, art. 34.	Amende de 1 à 200 fr.	Non prévu.	47
— Infractions aux arrêtés et règlements légalement pris concernant la police des abattoirs.	C. P., art. 471, nº 15.	Amende de 1 à 5 fr.	Emprisonnement de 3 jours au plus.	13
ABREUVOIRS.				
— Infractions aux ordonnances et arrêtés concernant la conduite des chevaux et des bestiaux aux abreuvoirs.	Ordonnance royale du 27 avril 1782. Ordonnance du 21 déc. 1787. C. P., art. 471, nº 15 (1).	Amende de 1 à 5 fr.	Emprisonnement de 3 jours.	24 13
AFFICHAGE.				
— Des particuliers dans les endroits réservés à l'autorité publique.	Loi du 29 juill. 1881, art. 2, 15.	Amende de 5 à 15 fr.	Emprisonn^t ou maximum de l'amende.	69
— Défaut d'affichage de la loi sur l'ivresse.	Loi du 23 janv. 1873, art. 12.	Amende de 5 fr.	Non-prévu.	39
— Défaut d'affichage de la loi sur le tissage et le bobinage. (V. *Addition* à la suite du tableau alphabétique.)	Loi du 7 mars 1850, art. 6.	Amende de 11 à 15 fr.	Insertion du jugement.	76
AFFICHES.				
— Défaut de timbre (2).	Loi du 18 juill. 1866, art. 4. Loi du 28 avr. 1816, art. 69, modifié par la loi du 16 juin 1824, art. 10.	Amende de 10 fr.	Non-prévu.	24

(1) Ces dispositions, quoique très anciennes, n'ont pas été abrogées, mais elles sont rarement appliquées. Dans beaucoup de localités où la population où les circonstances l'exigent, l'accès et l'usage des abreuvoirs sont réglementés par des arrêtés spéciaux. Les contraventions tombent, dans ce cas, sous l'application de l'art. 471, nº 15 du Code pénal seulement.

(2) Aux termes de l'art. 3, § 3, de la loi du 11 mai 1868, non abrogée par celle du 29 juillet 1881, les affiches électorales signées par le candidat ou portant son nom, sont affranchies du timbre, mais seulement pendant la période électorale (L. du 16 juillet 1850, art. 10).

CONTRAVENTIONS.	ARTICLES DE LOI applicables.	PÉNALITÉS ÉDICTÉES.	CAS DE RÉCIDIVE.	PAGES DES TEXTES.
AFFICHES (*suite*).				
— Apposées par ordre de l'administration et méchamment enlevées ou déchirées.	C. P., art. 479, n° 9.	Amende de 11 à 15 fr.	Emprisonnement de 5 jours.	16
— Apposées par l'administration dans les emplacements qu'elle s'est réservés et qui ont été enlevées, déchirées, recouvertes ou altérées de manière à les travestir, ou les rendre illisibles.	Loi du 29 juill. 1881, art. 17.	Amende de 5 à 15 fr.	Emprisonnement ou le maximum de l'amende.	69
— Électorales des particuliers apposées ailleurs que sur les propriétés de ceux qui ont commis la lacération (1).	Même loi, art. 17.	*Id.*	*Id.*	69
— Des particuliers imprimées sur papier blanc.	Même loi, art. 2 et 15.	*Id.*	Emprisonn^t ou le maximum de l'amende.	69
— Lacération de l'affiche contenant le texte de la loi sur l'ivresse.	Loi du 23 janv. 1873, art. 12.	Amende de 5 fr.	Non prévu.	39
ALCOOLISME. V. IVRESSE.				
ALCOOMÈTRES.				
— Ceux qui ne font pas usage, même dans les transactions privées, de l'alcoomètre centésimal de Gay-Lussac pour la constatation du degré des alcools et eaux-de-vie (2).	Loi du 7 juillet 1881, art. 5, et C. P., art. 479.	Amende de 11 à 15 fr., emprisonn^t de 5 jours au plus. Confiscation.	Emprisonnement de 5 jours.	25
— Mise en vente d'alcoomètres centésimaux et de thermomètres nécessaires à leur usage non soumis à la vérification préalable.	*Id.*, et loi du 28 juillet 1883, art. 2.	*Id.*	*Id.*	25

(1) Si la lacération a été commise par un fonctionnaire ou un agent de l'autorité, le Tribunal de simple police n'est pas compétent pour en connaître.

(2) Les infractions à la loi du 7 juillet 1881 tombent sous l'application du paragraphe 6 de l'art. 479 du Code pénal, dès lors l'emprisonnement et la confiscation peuvent être prononcés.

CONTRAVENTIONS.	ARTICLES DE LOI applicables.	PÉNALITÉS ÉDICTÉES.	CAS DE RÉCIDIVE.	PAGES DES TEXTES.
ALIGNEMENT. — Constructions ou travaux exécutés en contravention aux arrêtés et règlements relatifs aux alignements(1).	Édit de déc. 1607, art. 4 et 5. C. P., art. 471, n° 5.	Amende de 1 à 5 fr. Démolition des travaux.	Emprisonnement de 3 jours.	79 13
ANIMAUX DOMESTIQUES. — Mauvais traitements exercés sur eux publiquement et abusivement (2).	Loi du 2 juillet 1850.	Amende de 5 à 15 fr., empris^t facult^f de 1 à 5 jours.	Emprisonnement obligatoire.	26
— Tués ou blessés involontairement, autrement qu'avec des armes, ou par jet de pierres ou corps durs (3).	C. P., art. 479, n°s 2 et 4.	Amende de 11 à 15 fr.	Emprisonnement de 5 jours au plus.	16
— Tués ou blessés involontairement par l'emploi ou l'usage d'armes, sans précautions ou avec maladresse, ou par jet de pierres ou autres corps durs (4).	C. P., art. 479, n° 3, et 480.	Amende de 11 à 15 fr., emprisonnement facultatif de 5 jours.	Emprisonnement de 5 jours au plus.	16
— Tués ou blessés volontairement (5).	C. P., art. 479, n° 1.	Amende de 11 à 15 fr.	Id.	16
V. aussi **DOMMAGES AUX PROPRIÉTÉS MOBILIÈRES.**				

(1) L'édit de décembre 1607 prescrivant la démolition des travaux, le Tribunal de police doit toujours l'ordonner, sans chercher à apprécier s'ils sont ou non utiles.

(2) Pour constituer la contravention, il faut que les mauvais traitement soient exercés publiquement et abusivement. Sont considérés comme mauvais traitements, tous les actes de violence et de brutalité qui ne sont pas justifiés par la nécessité. L'art. 463 du Code pénal est applicable.

(3) La mort ou les blessures peuvent résulter de la vétusté ou du défaut d'entretien des édifices. En ce cas, le mot édifice, dont il est question dans l'art. 479, n° 4, doit être compris dans son acception la plus grande. Il comprend non seulement les maisons d'habitation, mais toute sorte de bâtiments ou de constructions, ponts, murs de clôture, etc.

(4) La contravention n'existe que dans le cas où la mort ou les blessures résultent du défaut de précautions ou de la maladresse.

(5) En ce cas, leur mort ou leurs blessures sont considérées comme un dommage à la propriété mobilière d'autrui. L'art. 12 de la loi des 28 septembre-6 octobre 1791, permet au propriétaire, détenteur ou fermier, de tuer les volailles qui sont à l'abandon sur sa propriété rurale, mais seulement sur le lieu et au moment du dégât.

CONTRAVENTIONS.	ARTICLES DE LOI applicables.	PÉNALITÉS ÉDICTÉES.	CAS DE RÉCIDIVE.	PAGES DES TEXTES.
ANIMAUX DOMESTI-QUES (*suite*). — Défaut d'enfouissement des animaux morts, dans les conditions et délais prescrits.	Loi des 28 sept.-6 oct. 1791, art. 13. Loi du 23 thermidor an IV, art. 4 et 6.	Amende de la valeur de 1 à 3 journées de travail ou emprist de 1 à 3 jours (1).	Tribunal correctionnel. *(Peines doubles.)*	44 47
— Divagation des animaux malfaisants ou féroces. V. **DIVAGATION.** — Infraction à la loi sur la police sanitaire des animaux. V. **POLICE SANITAIRE.**				
ANNONCES. — Des journaux, écrits ou imprimés dans les rues et lieux publics, en contravention à la loi du 19 mars 1889. V. **JOURNAUX.**				
APPRENTISSAGE (2). — Maître mineur qui reçoit des apprentis mineurs.	Loi du 4 mars 1851, art. 4 et 20.	Amende de 5 à 15 fr.	Emprisonnt de 1 à 5 jours, outre l'amde.	27
— Maître célibataire ou veuf recevant et logeant des apprenties mineures.	Même loi, art. 5 et 20.	*Id.*	*Id.*	27
— Maître recevant des apprentis alors qu'il est frappé d'incapacités résultant de condamnations pour crime, attentat aux mœurs, ou à plus de trois mois d'emprisonnement, par application des art. 388, 401, 405, 406, 407, 408 et 423 du Code pénal.	Même loi, art. 6 et 20.	*Id.*	Tribunal correctionnel.	27

(1) Le prix de la journée de travail est variable. Aux termes de l'art. 10 de la loi du 21 avril 1832, il est déterminé par le Conseil général, sur la proposition du Préfet, sans pouvoir néanmoins être inférieur à 0 fr. 50 ni supérieur à 1 fr. 50.

(2) La connaissance des contraventions encourues par les patrons pour augmentation de la durée du travail, imposition du travail de nuit, privation du temps nécessaire à l'instruction des apprentis, travail les jours de dimanches ou de fêtes, est attribuée au tribunal correctionnel par l'art. 25 de la loi du 3 juin 1874, relative aux enfants ou filles mineures employés dans l'industrie.

CONTRAVENTIONS.	ARTICLES DE LOI applicables.	PÉNALITÉS ÉDICTÉES.	CAS DE RÉCIDIVE.	PAGES DES TEXTES.
ARBRES.				
— Coupe ou enlèvement dans les bois et forêts des particuliers d'arbres n'ayant pas deux décimètres de tour (1).	C. F., art. 194 et 201.	Amende de 10 fr. par chaque charretée ou par bête attelée. 5 fr. par bête de somme. 2 fr. par fagot, fouée ou charge d'homme. Emprisonn^t facultatif de 5 jours. Restitution des objets enlevés et confiscation des outils ou instruments.	Tribunal correctionnel. *(Peines doubles)* (2).	22
— Coupe ou enlèvement d'arbres ayant deux décimètres de tour et au-dessus (1).	C. F., art. 192 et 201.	Amende variable selon la classe et la grosseur des arbres. V. *le tableau ci-dessous.*	*(Peines doubles)* (3).	20 / 22

Tarif des amendes à prononcer par arbre, d'après sa grosseur et son essence.

ARBRES DE PREMIÈRE CLASSE.			ARBRES DE DEUXIÈME CLASSE.		
CIRCON-FÉRENCE.	AMENDE par décimètre.	AMENDE par arbre.	CIRCON-FÉRENCE.	AMENDE par décimètre.	AMENDE par arbre.
Décimètres.	fr. c.	fr. c.	Décimètres.	fr. c.	fr. c.
1	» »	» »	1	» »	» »
2	1 »	2 »	2	0 50	1 »
3	1 10	3 30	3	0 55	1 65
4	1 20	4 80	4	0 60	2 40
5	1 30	6 50	5	0 65	3 25
6	1 40	8 40	6	0 70	4 20
7	1 50	10 50	7	0 75	5 25
8	1 60	12 80	8	0 80	6 40
»	» »	» »	9	0 85	7 65
»	» »	» »	10	0 90	9 »
»	» »	» »	11	0 95	10 45
»	» »	» »	12	1 »	12 »
»	» »	» »	13	1 05	13 65

(1) (1) Dans les cas où les pénalités excéderaient 15 fr. d'amende ou cinq jours d'emprisonnement, le tribunal de police cesserait d'être compétent.

(2) L'emprisonnement étant de cinq jours, et, en cas de récidive, la peine étant double, le Tribunal correctionnel est seul compétent.

(3) En cas de récidive, la peine étant double, le Tribunal de police n'est pas compétent si l'amende à appliquer est supérieure à 7 fr. 50.

CONTRAVENTIONS.	ARTICLES DE LOI applicables.	PÉNALITÉS ÉDICTÉES.	CAS DE RÉCIDIVE.	PAGES DES TEXTES.
ARMES.				
— Laissées dans les lieux publics ou dans les champs, ainsi que les coutres de charrue, pinces, barres, barreaux, machines et instruments, dont puissent abuser les voleurs ou les malfaiteurs.	C. P., art. 471, n° 7.	Amende de 1 à 5 fr. Confiscation.	Emprisonnement de 3 jours au plus.	13
— Emploi d'armes sans précautions ayant causé la mort ou des blessures involontaires à des animaux domestiques.				
V. ANIMAUX DOMESTIQUES.				
ARRÊTÉS.				
— Infractions aux règlements et arrêtés légalement pris par l'autorité administrative ou municipale (1).	C. P., art. 471, n° 15.	Amende de 1 à 5 fr.	Emprisonnement de 3 jours au plus.	13
ARTIFICE (PIÈCES D').				
— Tirées dans les lieux ou endroits défendus.	C. P., art. 471, n° 2, 472 et 473.	Amende de 1 à 5 fr. Emprisonn^t de 3 jours au plus. Confiscation.	Id.	13 14
ATELIERS D'ÉQUARRISSAGE.				
— Défaut ou tenue irrégulière du registre prescrit par le décret du 22 juin 1882.				
V. POLICE SANITAIRE.				

(1) Le Tribunal de police doit se borner, le cas échéant, à constater l'illégalité des arrêtés et à prononcer la relaxe des prévenus, mais il n'a pas le pouvoir d'en prononcer la nullité.

Les arrêtés pris par les maires résultent des pouvoirs qui leur sont conférés par les articles 94 et suivants de la loi du 5 avril 1884; ils ont pour objet le bon ordre, la tranquillité, la sûreté et la salubrité publiques.

CONTRAVENTIONS.	ARTICLES DE LOI applicables.	PÉNALITÉS ÉDICTÉES.	CAS DE RÉCIDIVE.	PAGES DES TEXTES.
ATTROUPEMENTS. — Refus de se disperser sur les sommations émanant de l'autorité (1).	Loi du 10 avril 1831, art. 2. C. P., art. 465 et 466.	Amende de 1 à 15 fr. Emprisonn^t de 5 jours au plus.	Non prévu.	28 12
AUBERGISTES, LOGEURS, HOTELIERS, LOUEURS EN GARNIS. — Négligence d'inscrire régulièrement sur le registre les personnes qui couchent dans leurs établissements (2). — Irrégularité dans la tenue des registres d'inscription et défaut de les représenter aux réquisitions légales. — qui, obligés à l'éclairage et au nettoyage, auront négligé de le faire. V. ÉCLAIRAGE.	C. P., art. 475, n° 2.	Amende de 6 à 10 fr.	Emprisonnement de 5 jours au plus.	14
BACS ET BATEAUX. — Adjudicataires ou passeurs exigeant un prix supérieur au tarif (3).	Loi du 6 frimaire an VII, art. 52, 54 et 58.	Amende de la valeur de 1 à 3 journ. de travail. Emprisonn^t de 1 à 3 jours (4). Affichage du jugement. Responsabilité civile.	Tribunal correctionnel.	29
— Infractions aux règlements de police administrative et de sûreté inposés aux adjudicataires des bacs et bateaux.	Loi du 6 frimaire an VII, art. 51, 54 et 58.	Amende de la valeur de 3 journées de travail. Responsabilité civile de l'adjudicataire.	Non prévu.	29

(1) Le décret du 7 juin 1848, qui attribuait la connaissance de ces délits aux Cours d'assises, a été abrogé par celui du 25 février 1852, mais la loi du 10 avril 1831 n'a pas été abrogée.

(2) Il doit être prononcé autant d'amendes qu'il y a de défaut d'inscription.

(3) Les adjudicataires sont civilement responsables des condamnations pécuniaires prononcées contre leurs préposés ou employés.

(4) Les mêmes peines devront être prononcées contre toute personne qui aura aidé ou favorisé la fraude, ou concouru aux contraventions.

CONTRAVENTIONS.	ARTICLES DE LOI applicables.	PÉNALITÉS ÉDICTÉES.	CAS DE RÉCIDIVE.	PAGES DES TEXTES.
BACS ET BATEAUX (*suite*). — Refus de péage par les particuliers.	Loi du 6 frimaire an VII, art. 56 et 58.	Amende de la valeur de 1 à 3 journ. de travail. Responsabilité civile.	Emprisonnement de 1 à 3 jours et affiche du jugement, outre l'amende.	29
BALISES, BOUÉES OU FEUX FLOTTANT. — Amarrage alors qu'ils ne sont pas destinés à cet usage. — Ancrage dans le cercle d'évitage d'un feu flottant ou d'une bouée.	Loi du 27 mars 1882, art. 2.	Amende de 10 à 15 fr. Emprisonnement facultatif de 5 jours.	Non prévu.	30
BANS DES VENDANGES OU AUTRES AUTORISÉS PAR LES RÈGLEMENTS (1). — Infractions aux bans.	C. P., art. 475, n° 1.	Amende de 6 à 10 fr.	Emprisonn^t de 5 jours.	14
BERGERS, PATRES OU USAGERS. — Conduisant ou faisant conduire des chèvres, brebis ou moutons dans les forêts ou sur les terrains qui en dépendent.	C. F., art. 78 et 199.	Contre les usagers : Amende double de celle fixée par l'art. 199. V. cet art. p. 22. Contre les pâtres ou bergers : amende de 15 fr.	Tribunal correctionnel.	18 22
— Bergers ou pâtres conduisant leurs troupeaux dans des champs moissonnés moins de deux jours après l'enlèvement de la récolte.	Loi des 26 sept.-6 oct. 1791, art. 22. Loi du 23 thermidor an IV, art. 2.	Amende de la valeur de 3 journées de travail. Amende double dans un enclos.	Amende double ou triple, en cas de circonstances aggravantes (2).	44 47

(1) Aux termes de l'art. 13 de la loi sur le Code rural, du 9 juillet 1889, le ban des vendanges ne pourra être établi ou même maintenu que dans les communes où le Conseil municipal l'aura ainsi décidé, par délibération soumise au Conseil général et approuvée par lui. S'il est établi ou maintenu, il est réglé chaque année par arrêté du maire. Cet arrêté n'est pas applicable aux vignobles clos de la manière indiquée par l'art. 6 de la même loi.

(2) La peine encourue pour les infractions en matière de police rurale est doublée en cas de récidive dans l'espace d'une année, ou si le délit a été commis avant le lever ou après le coucher du soleil. Elle est triplée si l'une et l'autre de ces circonstances aggravantes se trouvent réunies.

CONTRAVENTIONS.	ARTICLES DE LOI applicables.	PÉNALITÉS ÉDICTÉES.	CAS DE RÉCIDIVE.	PAGES DES TEXTES.
BESTIAUX.				
— Passage sur le terrain d'autrui avant l'enlèvement de la récolte (1).	C. P., art. 471, n° 14.	Amende de 1 à 5 fr.	Emprisonn^t de 3 jours au plus.	13
— Passage ou conduite sur un terrain ensemencé ou dans un bois taillis appartenant à autrui (1).	C. P., art. 475, n° 10.	Amende de 6 à 10 fr.	Emprisonn^t de 5 jours.	14
— Menés ou conduits dans les prairies artificielles, vignes, oseraies, etc., plantations ou pépinières faites de main d'homme.	C. P., art. 479, n° 10.	Amende de 11 à 15 fr.	Id.	16
— Bestiaux et volailles abandonnés sur la propriété d'autrui. V. aussi **VOLAILLES**.	Loi des 28 sept.-6 oct. 1791, art. 12. Loi du 23 thermidor an IV, art. 2.	Amende de la valeur de 1 à 3 journ. de travail. Emprisonn^t de 1 à 3 jours.	Tribunal correctionnel. *(Peines doubles ou triples)* (2).	44 47
— Pacage des bestiaux sur les propriétés des particuliers ou sur les terrains communaux en allant ou en revenant des foires.	Loi des 28 sept.-6 oct. 1791, art. 25. Loi du 23 thermidor an IV, art. 2.	Amende équivalente à 2 journées de travail, outre le dédommagement. Emprisonn^t de 1 à 3 jours (3).	Tribunal correctionnel. *(Peines doubles ou triples).*	44 47
— Pacage sur terrain d'autrui ensemencé ou non encore dépouillé de sa récolte, ou dans un enclos rural. V. **PACAGE**.				

(1) (1) Ces deux contraventions, qui de prime-abord semblent présenter quelque analogie, ne doivent cependant pas être confondues. Le n° 14 de l'art. 471 du Code pénal, prévoit le passage avant l'enlèvement des récoltes, mais lorsque celles-ci sont détachées et sont encore déposées sur le sol, tandis que le n° 10 de l'art. 475 prévoit le passage sur des terrains qui sont ensemencés ou dans un bois taillis. De même le n° 10 de l'art. 479 du Code pénal vise un genre de contravention particulier, et l'art. 12 du Code rural prévoit l'abandon des bestiaux dans la propriété d'autrui.

(2) Dans ce cas, la récidive doit être jugée par le Tribunal correctionnel, en raison de la peine d'emprisonnement, qui sera toujours au moins de six jours.

(3) L'amende équivalente à deux journées de travail doit être élevée à trois, en suite de la modification apportée à la loi de 1791 par l'art. 2 de la loi du 23 thermidor an IV.

CONTRAVENTIONS.	ARTICLES DE LOI applicables.	PÉNALITÉS ÉDICTÉES.	CAS DE RÉCIDIVE.	PAGES DES TEXTES.
BESTIAUX (*suite*). — Défaut de marque au fer chaud. **V. BOIS ET FORÊTS.** — Conduits dans les champs moissonnés moins de deux jours après l'enlèvement de la récolte. **V. BERGERS ET PATRES.**				
— Bestiaux et voitures trouvés dans les bois et forêts hors des routes et chemins ordinaires.	C. F., art. 147 et 199.	Amende de 10 fr. par voiture dans les bois de 10 ans et au-dessus, et de 20 fr. au-dessous de cet âge (1). Pour chaque tête et espèce de bestiaux, amende fixée par l'art. 199. V. p. 22.	Peines doubles.	20 22
— Infractions à la loi et au décret réglementaire sur la police sanitaire des animaux. **V. POLICE SANITAIRE.** — Défaut d'enfouissement des bestiaux morts. **V. ANIMAUX.**				
BLÉ. — Coupe ou destruction de petites parties de blé en vert ou autres productions de la terre sans intention manifeste de les voler (2).	Loi des 28 sept.-6 oct. 1791, art. 28. Loi du 23 thermidor an IV, art. 2.	Amende égale à la valeur que l'objet aurait eu à sa maturité. Emprisonn^t de 3 jours.	Tribunal correctionnel. (*Peines doubles.*)	44 47

(1) Le Tribunal de police n'est plus compétent si l'amende encourue dépasse 15 fr.

(2) Il faut que la coupe ou la destruction soit de peu d'importance et porte sur de petites parties, sinon le Tribunal de police ne serait pas compétent (V. art. 449 et 450 du C. P.).

CONTRAVENTIONS.	ARTICLES DE LOI applicables.	PÉNALITÉS ÉDICTÉES.	CAS DE RÉCIDIVE.	PAGES DES TEXTES.
BLÉ (*suite*). — Passage dans les terrains chargés de blé en tuyaux. V. **GRAINS**.				
BOBINAGE. V. **TISSAGE.**				
BOIS ET FORÊTS (1).				
— Abus par les usagers des droits de panage et de pâturage.	C. F., art. 70 et 201.	Amendes doubles de celles fixées par l'art. 199. V. p. 22.	Peines doubles.	18 22
— Conduite par les usagers de bestiaux à garde séparée dans les bois et forêts.	C. F., art. 72 et 201.	Amende de 2 fr. par tête de bétail.	Id.	18 22
— Mélange, par le pâtre choisi par l'autorité municipale, de bestiaux d'une commune ou section avec ceux d'une autre commune.	C. F., art. 72.	Amende de 5 à 10 fr. contre le pâtre. Commune responsable.	Tribunal correctionnel.	18
— Défaut de marque au fer chaud des porcs et bestiaux.	C. F., art. 73.	Amende de 3 fr. par tête de bétail.	Peine double.	18
— Défaut de clochettes au cou des animaux admis au pâturage.	C. F., art. 75.	Amende de 2 fr. par tête de bétail.	Id.	18
— Introduction dans les bois et forêts par les usagers d'un nombre de bestiaux supérieur à celui fixé par l'administration.	C. F., art. 77.	Amendes et pénalités fixées par l'art. 199. V. cet art. p. 22.	Id.	18

(1) Les contraventions prévues par les art. 54, 55 et 57 du Code forestier, commises par les adjudicataires de glandée, panage et paisson, quoique punies par des amendes inférieures à 15 fr., ou par un emprisonnement n'excédant pas cinq jours, sont néanmoins jugées par le Tribunal correctionnel, conformément aux articles 179 du Code d'instruction criminelle et 171 du Code forestier.

Il en est de même de celles prévues par les articles 70, 72, 73, 75, 77, 78, 80 et 110 dudit Code forestier, commises par les usagers dans les bois et forêts de l'État. Aux termes de l'article 171, toutes les actions et poursuites exercées au nom de l'administration des forêts sont portées devant les tribunaux correctionnels, lesquels sont seuls compétents pour en connaître. Les Tribunaux de simple police ne doivent connaître de ces contraventions que lorsqu'elles sont commises dans les bois des particuliers.

L'article 463 du Code pénal n'est pas applicable aux contraventions forestières (art. 203, C. F.).

CONTRAVENTIONS.	ARTICLES DE LOI applicables.	PÉNALITÉS ÉDICTÉES.	CAS DE RÉCIDIVE.	PAGES DES TEXTES.
BOIS ET FORÊTS (*suite*). — Conduite de chèvres, brebis et moutons dans les forêts ou terrains qui en dépendent.	C. F., art. 78 et 110.	Contre le propriétaire : amende double de celle fixée par l'art. 199. V. p. 22. Contre le pâtre ou berger : am. de 15 fr.	Tribunal correctionnel.	18 19
— Enlèvement de bois mort avec usage de crochets et de ferrements, alors que le droit d'enlèvement n'existe que pour le bois sec et gisant.	C. F., art. 80.	Amende de 3 fr.	Non prévu.	19
— Enlèvement, dans les bois et forêts, de pierres, terres, gazons, tourbes, bruyères, feuilles, engrais, etc., glands, faines ou autres fruits ou semences.	C. F., art. 144 et 201. *Id.* art. 206.	Amende de 5 à 15 fr. par charge de bête de somme, et de 2 à 6 fr. par charge d'homme. Emprisonn^t de 3 jours au plus (1). Responsabilité civile des pères, tuteurs ou maîtres.	Tribunal correctionnel. (*Peines doubles.*)	19 22 23
— Ceux qui sont trouvés dans les bois et forêts, hors des routes ou chemins ordinaires, avec serpes, cognées, haches, scies ou autres instruments de même nature.	C. F., art. 146 et 201. Art. 206.	Amende de 10 fr. Confiscation. Responsabilité civile des pères, tuteurs ou maîtres.	Tribunal correctionnel.	20 22 23
— Élagage, écorçage et mutilation d'arbres prévus par les art. 150 et 196 du Code forestier.		—		
— Enlèvement de chablis et de bois, délit prévu par l'art. 197, même Code, (*mêmes peines que pour la coupe ou l'enlèvement*). V. ARBRES.				

(1) Aux termes de l'article 201, § 2, du Code forestier, les peines étant doublées si le délit a été commis la nuit ou si le délinquant a fait usage de la scie, c'est, dans ce cas, au Tribunal correctionnel qu'il appartient de statuer.

CONTRAVENTIONS.	ARTICLES DE LOI applicables.	PÉNALITÉS ÉDICTÉES.	CAS DE RÉCIDIVE.	PAGES DES TEXTES.
BOUCHERS, BOU-LANGERS. — Vente de la viande et du pain à un prix supérieur à la taxe légalement faite et publiée.	C. P., art. 479, n° 6.	Amende de 11 à 15 fr. Emprisonn^t de 1 à 5 jours.	Emprisonn^t de 5 jours.	16
BOUÉES, V. BALISES.				
BROCANTEURS ET FRIPIERS. — Défaut d'inscription sur les livres de police et autres infractions aux règlements auxquels ils sont soumis (1).	Ordonnance du 29 mars 1778.	Amende de 10 fr.	Non prévu.	30
BRUITS OU TAPAGES INJURIEUX ET NOC-TURNES. **V. TAPAGE.**				
BUREAU DE PLACE-MENT. — Tenu sans autorisation de l'autorité municipale (2).	Décret du 25 mars 1852, art. 1 et 4.	Amende de 1 à 5 fr. ou emprisonn^t de 1 à 5 jours.	Maximum des deux peines.	31
— Infractions aux conditions de la tenue.	Même décret, art. 2 et 4.			
— Perception de droits supérieurs aux tarifs fixés.	Même décret, art. 3 et 4.			
CABARETIERS, CA-FETIERS, DÉBITANTS DE BOISSONS. — Donnant à boire à des gens manifestement ivres ou à des mineurs âgés de moins de seize ans.	Loi du 23 janvier 1873, art. 4.	Amende de 1 à 5 fr.	Emprisonn^t de 3 jours.	39

(1) L'ordonnance du 29 mars 1778 est rarement appliquée, quoiqu'elle soit encore en vigueur. Une autre ordonnance du 8 novembre 1780, qui n'abroge pas la première, en étend les prescriptions et en augmente les pénalités dans certains cas. La plupart de ces pénalités dépassent celles qui peuvent être appliquées par le Tribunal de simple police.

(2) Le juge de police est autorisé, lorsque le bureau a été ouvert sans autorisation, en contravention au décret du 25 mars 1852, à en ordonner la fermeture (Cass., 2 août 1888).

CONTRAVENTIONS.	ARTICLES DE LOI applicables.	PÉNALITÉS ÉDICTÉES.	CAS DE RÉCIDIVE.	PAGES DES TEXTES.
CABARETIERS, CA-FETIERS, DÉBITANTS DE BOISSONS (*suite*).				
— Défaut d'affichage de la loi sur l'ivresse.	Même loi, art. 12.	Amende de 5 fr.	Non prévu.	39
— Fermeture des cabarets, cafés et débits après l'heure fixée par les arrêtés. V. ARRÊTÉS.				
CHABLIS ET BOIS DE DÉLIT.				
— Enlèvement prévu par l'art. 197 du Code forestier (*mêmes peines que pour l'enlèvement d'arbres*). V. ARBRES.				
CHAMP.				
— Déclos par un voyageur pour se faire un passage (1).	Loi des 28 sept.-6 oct. 1791. art. 41.	Amende de la valeur de 3 journées de travail.	Peine double.	44
CHARBON.				
— Inobservation des mesures sanitaires prescrites pour le prévenir ou le faire cesser. V. **MALADIES CONTA-GIEUSES.**				
CHARIVARI. V. TAPAGE.				
CHARRETIERS, ROU-LIERS, CONDUCTEURS DE VOITURES OU DE BÊTES DE CHARGE.				
— Contraventions aux règlements par lesquels ils sont obligés de se tenir constamment à portée de leurs chevaux, bêtes de trait ou de charge, de leurs voitures, en état de les guider et conduire, etc.	C. P., art. 475, n° 3, et 476.	Amende de 6 à 10 fr. Emprisonnement de 3 jours au plus.	Emprisonnement de 5 jours.	14

(1) Si le chemin public était impraticable et que le voyageur eût été dans la nécessité de s'ouvrir un passage, il devrait être relaxé.

CONTRAVENTIONS.	ARTICLES DE LOI applicables.	PÉNALITÉS ÉDICTÉES.	CAS DE RÉCIDIVE.	PAGES DES TEXTES.
CHARRETIERS, ROULIERS, CONDUCTEURS DE VOITURES OU DE BÊTES DE CHARGE (*suite*).				
— Qui auront laissé courir leurs chevaux, bêtes de trait, etc., dans l'intérieur d'un lieu habité ou violé les règlements contre le chargement, la rapidité ou la mauvaise direction des voitures, etc.	C. P., art. 475, n° 4.	Amende de 6 à 10 fr. Emprisonnement de 3 jours au plus.	Emprisonnement de 5 jours.	14
V. aussi **ROULAGE** et **VOITURES**.				
CHEMINÉES.				
— Défaut d'entretien, de réparation ou de nettoyage.	C. P., art. 471, n° 1.	Amende de 1 à 5 fr.	Emprisonn^t de 3 jours.	13
CHEMINS PUBLICS.				
— Dégradation, détérioration ou usurpation sur leur largeur (1).	C. P., art. 479, n° 11.	Amende de 11 à 15 fr.	Emprisonn^t de 5 jours.	16
— enlèvement de gazons, terres ou pierres (2).	C. P., art. 479, n° 12.	Amende de 11 à 15 fr.	Emprisonn^t de 5 jours.	16
—Infractions aux règlements légalement faits par les préfets ou les maires relativement aux chemins ruraux.	C. P., art. 471, n° 15.	Amende de 1 à 5 fr.	Emprisonnement de 3 jours.	13
CHEVAUX ET VOITURES.				
— Rapidité et mauvaise direction.				
V. **CHARRETIERS**.				

(1) L'industriel ou le voiturier qui a dégradé ou détérioré un chemin public en en faisant un usage normal et conforme à sa destination, ne tombe pas sous l'application de l'art. 479, n° 11 (Cass., 31 mai 1888).

(2) Il y a également contravention lorsque l'enlèvement a été effectué dans les lieux ou terrains communaux, sauf le cas où il serait autorisé par l'usage.

CONTRAVENTIONS.	ARTICLES DE LOI applicables.	PÉNALITÉS ÉDICTÉES.	CAS DE RÉCIDIVE.	PAGES DES TEXTES.
CHÈVRES (1).				
— Conduites ou passant sur le terrain d'autrui avant l'enlèvement des récoltes.				
V. **BESTIAUX.**				
— Conduites dans les bois et forêts.				
V. **BOIS ET FORÊTS.**				
— Infractions aux arrêtés des préfets, pris en vertu de l'art. 2 de la loi du 4 avril 1889 sur la conduite et la tenue des chèvres dans les pâturages.				
V. **ARRÊTÉS.**				
CHIENS.				
— circulant sur la voie publique non munis de collier portant les noms et demeure du propriétaire.	Loi du 21 juill. 1881, art. 34. Décret du 22 juin 1882, art. 51.	Amende de 1 à 200 fr.	Tribunal correctionnel.	47 48
— Ceux qui les ont excités ou qui, en étant propriétaires, ne les auront pas retenus lorsqu'ils attaquent ou poursuivent les passants.	C. P., art. 475, no 7.	Amende de 6 à 10 fr.	Emprisonnement de 5 jours.	14
V. aussi **DIVAGATION.**				
CHOSES OU OBJETS NUISIBLES PAR LEUR CHUTE OU PAR LEURS EXHALAISONS INSALUBRES.				
— Ceux qui les auront jetés ou exposés devant leurs édifices.	C. P., art. 471, no 6.	Amende de 1 à 5 fr.	Emprisonnement de 3 jours.	13
V. aussi **CORPS DURS ou IMMONDICES.**				

(1) Les peines prévues par l'art. 18 du Code rural sont remplacées par celles édictées par l'art. 479, no 10, du Code pénal, ou par le Code forestier, en ce qui concerne les chèvres, brebis et moutons dans les forêts.

CONTRAVENTIONS.	ARTICLES DE LOI applicables.	PÉNALITÉS ÉDICTÉES.	CAS DE RÉCIDIVE.	PAGES DES TEXTES.
CIMETIÈRES. — Infractions aux arrêtés et règlements concernant la police des cimetières et des inhumations.	Loi du 5 avril 1884, art. 97, § 4. C. P., art. 471, n° 15.	Amende de 1 à 5 fr.	Emprisonnement de 3 jours.	42 13
CLAVELÉE. — Infractions au décret du 22 juin 1882 sur la police sanitaire des animaux. V. **POLICE SANITAIRE.**				
CLOCHES. — Infractions aux arrêtés et règlements concernant les sonneries.	Loi du 5 avril 1884, art. 100. C. P., art. 471, n° 15.	Amende de 1 à 5 fr.	Emprisonnement de 3 jours.	42 13
CLOCHETTES. — Défaut de clochettes au cou des animaux admis au pâturage. V. **BOIS ET FORÊTS.**				
CLOTURES. — Ceux qui les auront dégradées. V. **DOMMAGES AUX PROPRIÉTÉS MOBILIÈRES.**				
COGNÉES. — Ceux qui en sont trouvés porteurs dans les bois et forêts, hors des chemins ordinaires. V. **BOIS ET FORÊTS.**				
COLOMBIERS. — Défaut de fermeture aux époques fixées par les arrêtés préfectoraux et les règlements (1).	Décret des 4-11 août 1789. Loi du 4 avril 1889, art. 6 et 7. C. P., art. 471, § 15.	Amende de 1 à 5 fr.	Emprisonnement de 3 jours.	32 13

(1) Aux termes de l'art. 6 de la loi du 4 avril 1889 les préfets, après avis des

CONTRAVENTIONS.	ARTICLES DE LOI applicables.	PÉNALITÉS ÉDICTÉES.	CAS DE RÉCIDIVE.	PAGES DES TEXTES.
COLPORTAGE (1). — Défaut de la déclaration prescrite. — Déclaration fausse ou irrégulière. — Défaut, en cas de réquisition, de présentation du récépissé de la déclaration.	Loi du 29 juill. 1881, art. 18 et 21. Même loi, art. 19 et 20.	Amende de 5 à 15 fr. Emprisonnement facultatif de 1 à 5 jours (2).	Emprisonnement de 3 jours.	69
CONDUCTEURS DE **VOITURES.** V. **CHARRETIERS.**				
CONSTRUCTIONS. — Exécutées sans autorisation. V. **VOIRIE** ou **TRAVAUX NON AUTORISÉS.**				
CORPS DURS. — Pierres, corps durs ou immondices jetés devant les maisons ou édifices d'autrui dans les jardins ou enclos, ou volontairement sur quelqu'un.	C. P., art. 475, n° 8, et 476.	Amende de 6 à 10 fr. Emprisonnement de 3 jours.	Emprisonnement de 5 jours.	14
COUPE. V. **ARBRES.**				
COUTRES DE **CHARRUES.** — Abandonnés dans les lieux publics à la disposition des malfaiteurs. V. **ARMES.**				

conseils généraux, déterminent chaque année l'époque de l'ouverture et de la clôture des colombiers.

(1) La distribution ou le colportage accidentels ne sont pas assujettis à la déclaration.

(2) En cas de déclaration mensongère l'emprisonnement doit être prononcé.

CONTRAVENTIONS.	ARTICLES DE LOI applicables.	PÉNALITÉS ÉDICTÉES.	CAS DE RÉCIDIVE.	PAGES DES TEXTES.

CRIEURS.

— Annonçant dans les rues et lieux publics les journaux écrits ou imprimés, contrairement aux prescriptions de la loi du 19 mars 1889.

V. JOURNAUX.

CRYPTOGAMES ou VÉGÉTAUX NUISIBLES A L'AGRICULTURE.

— Défaut de se conformer aux prescriptions des arrêtés préfectoraux pour leur destruction.	Loi du 24 décembre 1888, art. 1, 2 et 5.	Amende de 6 à 15 fr.	Emprisonnement de 5 jours.	37

DÉCLARATION.

— Défaut par les étrangers de faire la déclaration prescrite par l'art. 1er du décret du 2 octobre 1888.

V. ÉTRANGERS.

— Défaut de déclaration de la part de ceux qui ont recueilli des enfants mineurs de seize ans sans l'intervention de leurs parents ou tuteur.

V. MINEURS.

DÉGATS.

— Causés aux propriétés d'autrui par les bestiaux laissés à l'abandon.	Loi des 28 sept-6 oct. 1791, art. 12. Loi du 23 thermidor an IV, art. 2.	Amende de la valeur de 3 journées de travail. Emprisonnt de 3 jours.	Tribunal correctionnel. (Peines doubles ou triples.)	44 47

DÉGRADATIONS.

V. DOMMAGES AUX PROPRIÉTÉS MOBILIÈRES, et CHEMINS PUBLICS.

CONTRAVENTIONS.	ARTICLES DE LOI applicables.	PÉNALITÉS ÉDICTÉES.	CAS DE RÉCIDIVE.	PAGES DES TEXTES.
DENSIMÈTRES. — Défaut de vérification et de poinçonnage des densimètres employés dans les fabriques de sucre pour contrôler la richesse de la betterave (1).	Loi du 6 juin 1889, art. 3. C. P., art. 479, 480, 481,	Amende de 11 à 15 fr. Emprisonn[t] facultatif de 5 jours. Confiscation.	Emprisonnement de 5 jours.	33
DIFFAMMATION VERBALE ET NON PUBLIQUE. V. INJURES.				
DIRECTION (MAUVAISE). V. VOITURES.				
DIVAGATION. — Ceux qui, en ayant la garde, auront laissé divaguer des fous ou des furieux ou des animaux malfaisants ou féroces.	C. P., art. 475, nº 7.	Amende de 6 à 10 fr.	Emprisonnement de 5 jours.	14
DOMMAGES AUX PROPRIÉTÉS MOBILIÈRES D'AUTRUI. — Tous les dommages causés volontairement aux propriétés mobilières d'autrui, sauf dans les cas prévus par les articles 434 et 462 du Code pénal inclusivement.	C. P., art. 479, nº 1.	Amende de 11 à 15 fr.	Emprisonnement de 5 jours.	16
DOURINE. — Infractions aux prescriptions du décret du 22 juin 1882 concernant cette maladie. V. MALADIES CONTAGIEUSES.				

(1) Les infractions à la loi du 6 juin 1889 tombent sous l'application du § 6 de l'art. 479 du Code pénal. Elles entraînent, dès lors, la peine de l'emprisonnement facultatif et celle de la confiscation édictées par les art. 480 et 481 du même Code.

CONTRAVENTIONS.	ARTICLES DE LOI applicables.	PÉNALITÉS ÉDICTÉES.	CAS DE RÉCIDIVE.	PAGES DES TEXTES.
ÉCHENILLAGE (1). V. INSECTES.				
ÉCLAIRAGE ET **NETTOYAGE.** — Les aubergistes ou autres, qui, obligés à l'éclairage, l'auront négligé. — Les habitants qui auront négligé de nettoyer les rues ou passages dans les communes où ce soin est laissé à leur charge.	C. P., art. 471, nᵒ 3.	Amende de 1 à 5 fr.	Emprisonnement de 3 jours.	13
— Défaut d'éclairage des matériaux entreposés ou des excavations faites dans les rues et places.	C. P., art. 471, nᵒ 4.	Amende de 1 à 5 fr.	Emprisonnement de 3 jours.	13
— Défaut d'éclairage des voitures pendant la nuit. V. ROULAGE.				
ÉCORÇAGE, ÉLAGAGE OU MUTILATION D'ARBRES. — Ceux qui auront éhoupé, écorcé ou mutilé des arbres.	C. F., art. 196 et 192.	Mêmes peines que pour la coupe ou l'enlèvement.		22
V. ARBRES.				
ÉCRITS OU **IMPRIMÉS.** — Ne portant pas l'indication des nom et domicile de l'imprimeur (les ouvrages dits de ville ou bilboquets exceptés).	Loi du 29 juill. 1881, art. 2.	Amende de 11 à 15 fr.	Emprisonnement de 1 à 5 jours.	69
—Annoncés dans les rues et lieux publics en contravention à la loi du 19 mars 1889. V. JOURNAUX.				

(1) La loi du 26 ventôse an IV, sur l'échenillage, a été abrogée par l'art. 7 de la loi du 24 décembre 1888. La pénalité édictée par cette première loi, puis par l'art. 471, nᵒ 8 du Code pénal, tombe aujourd'hui sous l'application de l'art. 5 de la nouvelle loi.

CONTRAVENTIONS.	ARTICLES DE LOI applicables.	PÉNALITÉS ÉDICTÉES.	CAS DE RÉCIDIVE.	PAGES DES TEXTES.
ÉDIFICES.				
— Négligence ou refus d'obéir aux injonctions de l'autorité, relativement à la réparation ou à la démolition des édifices menaçant ruine. V. aussi **MAISONS.**	C. P., art. 471, n° 5.	Amende de 1 à 5 fr.	Emprisonnement de 3 jours.	13
EMBARRAS DE LA VOIE PUBLIQUE.				
— Dépôt sans nécessité de matériaux ou choses quelconques qui empêchent ou diminuent la liberté ou sûreté du passage.	C. P., art. 471, n° 4.	Amende de 1 à 5 fr.	Emprisonnement de 3 jours.	13
ENCOMBREMENTS OU EXCAVATIONS.				
— Ceux qui auront occasionné des blessures ou la mort des animaux appartenant à autrui par l'encombrement ou l'excavation ou autres œuvres dans ou près des rues, chemins, places ou voie publiques, sans les précautions ou signaux ordonnés ou l'usage.	C. P., art. 479, § 4.	Amende de 11 à 15 fr.	Emprisonnement de 5 jours.	16
ENFANTS MINEURS (RECUEILLIS SANS L'INTERVENTION DES PARENTS).				
— Défaut de déclaration dans les trois jours, par les administrations d'assistance publique, les associations de bienfaisance ou les particuliers qui auraient recueilli des enfants mineurs de seize ans, sans l'intervention de leurs parents ou tuteur.	Loi du 24 juillet 1889, art. 19.	Amende de 5 à 15 fr.	Emprisonnement de 5 jours.	34

CONTRAVENTIONS.	ARTICLES DE LOI applicables.	PÉNALITÉS ÉDICTÉES.	CAS DE RÉCIDIVE.	PAGES DES TEXTES.
ENFANTS DU PREMIER AGE.				
— Refus par les nourrices, sevreuses ou gardeuses de recevoir la visite du médecin-inspecteur, du maire ou de toutes autres personnes déléguées ou autorisées.	Loi du 23 décembre 1874, art. 6.	Amende de 5 à 15 fr. Emprisonnement de 1 à 5 jours.	Non prévu.	33
— Dommage pour la santé de l'enfant, résultant de contravention à la loi, ou de négligence de la part de la nourrice ou gardeuse.	Loi du 23 décembre 1874, art. 11.	Emprisonnement de 1 à 5 jours.	Non prévu.	33
— Toute contravention aux prescriptions de la loi du 23 décembre 1874, ou au règlement d'administration publique du 27 février 1877 s'y rattachant.	Même loi, art. 13.	Amende de 5 à 15 fr.	Non prévu.	33
ENFOUISSEMENT DE BESTIAUX. **V. ANIMAUX.**				
ENGRAIS.				
— Le vendeur qui n'aura pas fait connaître à l'acheteur soit dans le contrat de vente, soit dans le double de commission, soit dans la facture remise au moment de la livraison, la provenance naturelle ou industrielle de l'engrais et sa teneur en principes fertilisants (1).	Loi du 4 février 1888, art. 3 et 4.	Amende de 11 à 15 fr.	S'il y a récidive dans les trois ans, emprisonnement de 5 jours.	34
ENLÈVEMENT D'ARBRES. **V. ARBRES.**				

(1) Si la vente est faite avec stipulation de règlement après analyse, l'indication de la teneur des principes fertilisants, n'est pas obligatoire, mais mention devra être faite du prix du kilog. d'azote, d'acide phosphorique et de potasse qui s'y trouvent contenus (art. 4). — Les dispositions de cette loi ne sont pas applicables aux engrais vendus sous leur dénomination usuelle, tels que fumiers, matières fécales, marnes, chaux, plâtres, etc., etc. (art. 5).

CONTRAVENTIONS.	ARTICLES DE LOI applicables.	PÉNALITÉS ÉDICTÉES.	CAS DE RÉCIDIVE.	PAGES DES TEXTES.
ENSEIGNEMENT OBLIGATOIRE. — Infractions par les pères, tuteurs ou personnes responsables, aux prescriptions de la loi du 28 mars 1882, renouvelées après deux décisions de la commission scolaire.	Loi du 28 mai 1882, art. 12, 13 et 14. Code pénal, art. 479 et 480.	Amende de 11 à 15 fr. Emprisonnement facultatif de 1 à 5 jours.	Emprisonnement de 5 jours.	35
EPIZOOTIES. V. POLICE SANITAIRE.				
ÉTABLISSEMENTS DANGEREUX, INSALUBRES OU INCOMMODES. — Ouverts ou exploités en contravention aux prescriptions du décret du 15 octobre 1810 et de l'ordonnance du 14 janvier 1815.	Code pénal, art. 471, n° 15, et Code inst. criminelle, art. 161.	Amende de 1 à 5 fr. Fermeture ou suppression de l'établissement.	Emprisonnement de 3 jours au plus.	13
— Infractions aux règlements et aux arrêtés accordant l'autorisation de les exploiter (1).	Code pénal, art. 471, n° 15.	Amende de 1 à 5 fr.	Emprisonnement de 3 jours.	13
ÉTRANGERS. — Défaut par les étrangers non admis à domicile en France de faire dans la quinzaine, à la mairie du lieu où ils veulent fixer leur résidence, la déclaration prescrite par l'article 1er du décret du 2 octobre 1888 (2).	Décret du 2 octobre 1888, art. 1 et 5. Code pénal, art. 471, n° 15 (3).	Amende de 1 à 5 fr.	Emprisonnement de 1 à 3 jours.	36 13

(1) La suppression de l'établissement doit être ordonnée dans le cas où l'ouverture n'en a pas été autorisée.

(2) A Paris les déclarations doivent être faites à la préfecture de police et à Lyon, à la préfecture du Rhône.

(3) L'art. 5 du décret du 2 octobre 1888 dit que les infractions à ses prescriptions seront punies *des peines de simple police*, ce qui laisserait supposer que les contrevenants pourraient être frappés d'une amende de 1 à 15 francs ou d'un emprisonnement de 1 à 5 jours ; mais parmi les motifs qui se trouvent en tête du décret et qui lui servent de base, figure l'art. 471, § 15 du Code pénal, d'où il résulte que ce sont les pénalités édictées par ces articles qui sont applicables.

CONTRAVENTIONS.	ARTICLES DE LOI applicables.	PÉNALITÉS ÉDICTÉES.	CAS DE RÉCIDIVE.	PAGES DES TEXTES.
EXCAVATIONS. V. **ENCOMBREMENTS.**				
FAINES ET GLANDS. V. **BOIS ET FORÊTS.**				
FALLOTS ET LANTERNES. — Non éclairés pendant la nuit. V. **ROULAGE.**				
FARCIN. — Inobservation des prescriptions contenues au décret du 22 juin 1882. V. **POLICE SANITAIRE.**				
FERMETURE TARDIVE DES ÉTABLISSEMENTS. V. **CABARETIERS.**				
FEUX. — Allumés à moins de 50 toises (100 mètres) des maisons, bois, meules de grains, de paille ou de foin, etc.	Loi des 28 sept.-6 oct. 1791 art. 10.	Amende de la valeur de 12 journées de travail. Emprisonn^t facultatif de 3 jours (1).	Tribunal correctionnel.	44
— Feux flottants. V. **BALISES.**				
FIÈVRE APHTHEUSE. — Infractions aux dispositions du décret du 22 juin 1882. V. **MALADIES CONTAGIEUSES.**				
FORTIFICATIONS. V. **PLACES DE GUERRE.**				

(1) Si le prix fixé pour la journée de travail était supérieur à 1 fr. 25, le tribunal de simple police ne serait plus compétent.

CONTRAVENTIONS.	ARTICLES DE LOI applicables.	PÉNALITÉS ÉDICTÉES.	CAS DE RÉCIDIVE.	PAGES DES TEXTES.
FOURS.				
— Défaut d'entretien, de réparation ou de nettoyage.	C. P., art. 471, n° 1.	Amende de 1 à 5 fr.	Emprisonn^t de 3 jours.	13
FOUS, FURIEUX. V. DIVAGATION.				
FRIPIERS. V. BROCANTEURS.				
FRUITS. — Dérobés et consommés sur place. V. MARAUDAGE.				
FUMIERS. — Enlèvement sans la permission du propriétaire de fumiers, marnes et autres engrais portés sur les terres (1).	Loi des 28 sept.-6 oct. 1791, art. 33.	Amende égale à la valeur de 6 journées de travail. Emprisonn^t de 3 jours.	Tribunal correctionnel.	44
GALE. — Inobservation des prescriptions contenues au décret du 22 juin 1882. V. MALADIES CONTAGIEUSES.				
GARDEUSES D'ENFANTS. V. ENFANTS DU PREMIER AGE.				
GAZONS. — Enlevés sur les chemins publics. V. CHEMINS PUBLICS.				

(1) Lorsque le contrevenant fait tourner à son profit les engrais par lui enlevés, le tribunal correctionnel seul est compétent. C'est du reste le cas qui doit se présenter généralement, car on ne s'expliquerait guère l'enlèvement si ce n'était afin d'en tirer profit.

CONTRAVENTIONS.	ARTICLES DE LOI applicables.	PÉNALITÉS ÉDICTÉES.	CAS DE RÉCIDIVE.	PAGES DES TEXTES.
GAZONS (*suite*). — Enlevés dans les bois. V. BOIS ET FORÊTS.				
GLANAGE, GRAPPIL-LAGE ET RATELAGE.				
— Dans les champs non encore dépouillés et vidés de leurs récoltes, ou avant le lever ou après le coucher du soleil.	C. P., art. 471, n° 10.	Amende de 1 à 5 fr. Emprisonnement de 1 à 3 jours.	Emprisonnement de 3 jours.	13
— Dans un enclos rural.	Loi des 28 septembre-6 octobre 1791, art. 21. Loi du 23 thermidor an IV, art. 2.	Amende de la valeur de 1 à 3 jours de travail. Emprisonnement de 1 à 3 jours.	Tribunal correctionnel.	44 47
GLANDS. — Enlevés dans les bois. V. BOIS ET FORÊTS.				
GRAINS EN TUYAUX.				
— Entrée ou passage dans un terrain chargé de grains en tuyaux, de raisins ou autres fruits mûrs ou voisins de la maturité.	C. P., art. 475, n° 9.	Amende de 6 à 10 fr.	Emprisonnement de 5 jours.	14
HACHES. — Ceux qui en sont trouvés porteurs dans les bois, hors des chemins ordinaires. V. BOIS ET FORÊTS.				
HAIES. — Coupe ou enlèvement de bois dans les haies. V. DOMMAGES AUX PRO-PRIÉTÉS MOBILIÈRES.				
HASARD. V. JEUX.				

CONTRAVENTIONS.	ARTICLES DE LOI applicables.	PÉNALITÉS ÉDICTÉES.	CAS DE RÉCIDIVE.	PAGES DES TEXTES.
HOTELIERS. V. **AUBERGISTES.**				
IMMONDICES. — Ceux qui en auront jeté imprudemment sur quelqu'un. V. aussi **CORPS DURS.**	C. P., art. 471, n° 12.	Amende de 1 à 5 fr.	Emprisonnement de 3 jours.	13
IMPRIMÉS. — Ne portant pas les nom et domicile de l'imprimeur.	Loi du 29 juill. 1881, art. 2.	Amende de 5 à 15 fr.	Emprisonn^t de 5 jours.	69
— Annoncés dans les lieux publics ou contravention à la loi du 19 mars 1889. V. **JOURNAUX.**				
INCENDIE. V. **REFUS DE SECOURS.**				
INFRACTIONS. — Aux arrêtés et aux règlements. V. **ARRÊTÉS.** V. aussi **VOIRIE.**				
INHUMATIONS. V. **CIMETIÈRES.**				
INJURES. — Proférées ou commises d'une manière non publique contre les particuliers (1).	Loi du 29 juill. 1881, art. 33, § 3. C. P., art. 471, n° 11.	Amende de 1 à 5 fr.	Emprisonnement de 3 jours.	69 13

(1) D'après le § 3 de l'art. 33 de la loi du 29 juillet 1881, pour constituer la contravention justiciable du tribunal de simple police, il faut que l'injure soit non publique. L'injure publique constitue un délit. La diffamation verbale et non publique est également justiciable du tribunal de simple police.

CONTRAVENTIONS.	ARTICLES DE LOI applicables.	PÉNALITÉS ÉDICTÉES.	CAS DE RÉCIDIVE.	PAGES DES TEXTES.
INONDATION. — Ceux qui auront inondé volontairement l'héritage d'autrui.	Loi des 28 sept.-6 oct. 1791, art. 15.	Amende de la valeur du dommage causé (1).	Non prévu.	44
INSECTES NUISIBLES **A L'AGRICULTURE.** — Défaut de se conformer aux mesures prescrites par les arrêtés préfectoraux concernant leur destruction.	Loi du 24 décembre 1888, art. 1, 2 et 5.	Amende de 6 à 15 fr.	Amende double et emprisonnement facultatif de 5 jours.	37
INSTRUMENTS ARATOIRES. — Abandonnés dans les champs à la disposition des voleurs ou des malfaiteurs. V. **ARMES.**				
INSULTES OU IRRÉVÉRENCES GRAVES (2). — Défaut de modération de la part des parties à l'audience après un premier avertissement.	C. pr. civ., art. 10.	Amende de 10 fr. et affichage du jugement.	Non prévu.	38
— Insultes ou irrévérences graves envers le juge de paix.	C. pr. civ., art. 11.	Emprisonnᵗ de 3 jours au plus.	Non prévu.	38
— Trouble ou tumulte causé à l'audience par les assistants.	C. inst. cr., art. 504.	Expulsion et détention immédiate pendant 24 heures.	Non prévu.	38

(1) Pour que le tribunal de police soit compétent, le montant du dommage ne doit pas excéder la somme de 15 francs. Le tribunal de police n'a pas qualité pour déterminer le montant du dommage ; ce n'est que dans le cas où le propriétaire lui-même le fixe à une somme ne dépassant pas 15 francs, qu'il est compétent. Dans les cas contraires, la demande se trouvant indéterminée, c'est le tribunal correctionnel qui doit en connaître.

(2) En cas d'insultes ou d'irrévérences graves commises à son audience, le juge de paix prononce comme juge civil, mais son jugement emportant une condamnation répressive, il y a lieu de classer ce cas parmi les contraventions de police.

CONTRAVENTIONS.	ARTICLES DE LOI applicables.	PÉNALITÉS ÉDICTÉES.	CAS DE RÉCIDIVE.	PAGES DES TEXTES.
INSULTES OU **IRRÉVÉRENCES GRAVES** (*suite*). — Trouble ou tumulte accompagné d'injures et de voies de fait.	C. Inst. cr., art. 505.	Détention préalable de 24 heures, ou condamnation immédiate à des peines de police ou correctionnelles (1).	Non prévu.	38
— Manque de respect de la part des avocats.	Ordonnance du 20 mai 1822, art. 16 et 18. Décret du 22 mars 1852, art. 3.	Peines disciplinaires.	Non prévu.	

INTERPRÈTES.

V. SONGES.

IRRÉVÉRENCES.

— Envers le juge de paix.

V. INSULTES.

IVRESSE PUBLIQUE.

— Ceux qui sont trouvés dans les rues, places ou lieux publics dans un état d'ivresse manifeste (2).	Loi du 23 janv. 1873, art. 1.	Amende de 1 à 5 fr.	Emprisonnement de 3 jours.	39

V. aussi **CABARETIERS.**

JET.

V. CORPS DURS.

V. CHOSES NUISIBLES.

V. IMMONDICES.

---

(1) Il en est de même pour les insultes, le tumulte ou les voies de fait de la part des assistants, qui peuvent, le cas échéant, permettre au juge de paix d'appliquer des peines correctionnelles.

(2) En cas de deuxième récidive dans les douze mois, le contrevenant doit être traduit devant le Tribunal de police correctionnelle, art. 2.

CONTRAVENTIONS.	ARTICLES DE LOI applicables.	PÉNALITÉS ÉDICTÉES.	CAS DE RÉCIDIVE.	PAGES DES TEXTES.
JEUX DE LOTERIE OU DE HASARD. — Tenus dans les rues, places ou autres lieux publics.	C. P., art. 475, n° 5.	Amende de 6 à 10 fr. Confiscation des tables et instruments.	Emprisonnement de 5 jours.	14
JOURNAUX, ÉCRITS OU IMPRIMÉS. — Annoncés par les crieurs dans les rues et lieux publics, autrement que par leur titre, leur prix, l'indication de leur opinion et les noms de leurs auteurs ou rédacteurs. — Annonce dans les rues et lieux publics d'un titre obscène ou contenant des imputations diffamatoires ou expressions injurieuses pour une ou plusieurs personnes (1).	Loi du 19 mars 1889, art. 1 et 2.	Amende de 1 à 15 fr.	Emprisonnement de 1 à 5 jours.	40

LACÉRATION D'AFFICHES.

V. AFFICHES.

LANTERNES.

V. ROULAGE.

LIVRETS D'OUVRIERS.

V. OUVRIERS.

LOGEURS ET LOUEURS EN GARNI.

V. AUBERGISTES.

LOTERIES.

V. JEUX DE HASARD.

(1) Par arrêt en date du 17 mai 1889, la Cour de cassation a décidé qu'en l'absence d'arrêté qui le défende, le fait d'annoncer les journaux au moyen d'une trompe ou d'un cornet ne constitue pas de contravention à l'article 1er de la loi du 19 mars 1889. Par un autre arrêt du 6 juillet même année, la Cour a encore décidé que l'annonce faite par écrit sur une planchette ou un écriteau d'un article contenu dans le journal ne contenait pas non plus une contravention à la dite loi.

CONTRAVENTIONS.	ARTICLES DE LOI applicables.	PÉNALITÉS ÉDICTÉES.	CAS DE RÉCIDIVE.	PAGES DES TEXTES.
MAISONS ou ÉDIFICES.				
— Ceux qui auront occasionné des blessures ou la mort des bestiaux ou animaux par la vétusté, la dégradation, le défaut de réparation ou d'entretien des maisons ou édifices.	C. P., art. 479, § 4.	Amende de 11 à 15 fr.	Emprisonnement de 5 jours.	16
— Refus de démolir les maisons ou édifices menaçant ruine. V. ÉDIFICES.				
MALADIES CONTAGIEUSES DES ANIMAUX.				
— Infractions aux décrets des 22 juin 1882 et 28 juillet 1888, portant règlement d'administration publique sur l'exécution de la loi relative à la police sanitaire des animaux.	Loi du 29 juill. 1881, art. 34.	Amende de 1 à 200 fr.	Non prévu (1).	48
MANUFACTURES. V. ÉTABLISSEMENTS DANGEREUX OU INSALUBRES.				
MARAUDAGE.				
— Ceux qui, sans autres circonstances aggravantes, auront cueilli et mangé sur les lieux mêmes des fruits appartenant à autrui.	C. P., art. 471, nº 9.	Amende de 1 à 5 fr.	Emprisonnement de 3 jours.	13
— Ceux qui, hors les cas prévus par l'art. 388 du Code pénal, déroberont des récoltes ou autres productions de la terre avant qu'elles soient détachées du sol.	C. P., art. 475, nº 15.	Amende de 6 à 10 fr.,	Emprisonnement de 5 jours.	14

(1) L'article 35 de la loi du 21 juillet 1881, qui dit que la peine peut être portée au double du maximum fixé par les articles 30, 31, 32, 33 et 34, s'applique aux infractions aux dispositions de cette loi elle-même, lesquelles sont justiciables du Tribunal correctionnel, mais il ne vise pas les infractions aux dispositions des décrets réglementaires du 22 juin 1882 et du 28 juillet 1888.

CONTRAVENTIONS.	ARTICLES DE LOI applicables.	PÉNALITÉS ÉDICTÉES.	CAS DE RÉCIDIVE.	PAGES DES TEXTES.
MATÉRIAUX. — Non éclairés pendant la nuit ou déposés sans nécessité sur la voie publique. V. **EMBARRAS DE LA VOIE PUBLIQUE.**				
MESSAGERIES. V. **ROULAGE.**				
MESURES. V. **POIDS ET MESURES.**				
MINEURS. —Défaut de déclaration dans les trois jours, par les administrations d'assistance publique, les associations de bienfaisance ou les particuliers, qui auraient recueilli des enfants mineurs de seize ans sans l'intervention de leurs parents ou tuteurs.	Loi du 24 juill. 1889, art. 19.	Amende de 5 à 15 fr.	Emprisonn^t de 5 jours.	34
MONNAIES NATIONALES. — Refus de les recevoir selon la valeur pour laquelle elles ont cours (1).	C. P., art. 475, n° 11.	Amende de 6 à 10 fr.	Emprisonn^t de 3 jours.	14
MORT OU BLESSURES D'ANIMAUX. —Occasionnées par l'effet de la divagation des fous ou furieux, des animaux malfaisants ou féroces, ou par la rapidité, la mauvaise direction, le chargement excessif des voitures, bêtes de trait ou de charge. V. aussi **ANIMAUX.** V. **DIVAGATION.**	C. P., art. 479, n° 2.	Amende de 11 à 15 fr.	Emprisonn^t de 5 jours.	16

(1) Le refus de la monnaie de billon dans le cas prévu par l'article 2 du décret du 18 août 1810 ne constitue pas de contravention.

CONTRAVENTIONS.	ARTICLES DE LOI applicables.	PÉNALITÉS ÉDICTÉES.	CAS DE RÉCIDIVE.	PAGES DES TEXTES.
MORVE. — Inobservation des prescriptions contenues au décret du 22 juin 1882, concernant la morve et le farcin. V. **MALADIES CONTAGIEUSES.**				
MUTILATION D'ARBRES. V. **ÉCORÇAGE** et **ARBRES.**				
NETTOYAGE. — Défaut de nettoyage des fours, cheminées ou usines où l'on fait usage du feu.	C. P., art. 471, n° 1.	Amende de 1 à 5 fr.	Emprisonnement de 3 jours	13
— Défaut de nettoyage et de désinfection des locaux, vagons, voitures, navires, bateaux, etc., ayant contenu des animaux atteints de maladies contagieuses. V. **POLICE SANITAIRE DES ANIMAUX.**				
— Défaut de nettoyage et d'éclairage des rues et passages. V. **ÉCLAIRAGE.**				
NOURRICES. V. **ENFANTS DU PREMIER AGE.**				
OBJETS DIVERS. —Abandonnés dans les lieux publics ou dans les champs à la disposition des voleurs et malfaiteurs.	C. P., art. 471, n° 7.	Amende de 1 à 5 fr. Confiscation.	Emprisonn^t de 3 jours.	13
OUTRAGES OU EXPRESSIONS OUTRAGEANTES. V. **INJURES.**				

CONTRAVENTIONS.	ARTICLES DE LOI applicables.	PÉNALITÉS ÉDICTÉES.	CAS DE RÉCIDIVE.	PAGES DES TEXTES
OUVRIERS. — Infractions aux articles 1, 3, 4, 5, 8 de la loi du 26 juin 1854 sur les livrets d'ouvriers, ainsi qu'au décret réglementaire du 30 avril 1855. (V. *Addition à* la suite du tableau.)	Loi des 22-26 juin 1854, art. 11. Décret du 30 avril 1855. C. P., art. 471, n° 15 (1).	Amende de 1 à 15 fr. Emprisonnement de 1 à 5 jours.	Non prévu.	40 13
PACAGE. — Des bestiaux revenant des foires, sur les terrains des particuliers ou sur les communaux.	Loi des 28 sept.-6 oct. 1791. art. 25. Loi du 23 thermidor an IV, art. 2.	Amende de la valeur de 3 journées de travail. Emprisonn^t de 3 jours au plus.	Tribunal correctionnel. *(Peines doubles ou triples.)*	44 47
— Sur un terrain d'autrui ensemencé ou qui n'a pas encoré été dépouillé de sa récolte, ou dans un enclos rural (2).	*Id.*	Amende égale au dédommagement. Emprisoon^t de 1 à 3 jours.	*Id.*	44 47
PASSAGE. — Sur le terrain d'autrui, alors qu'il est chargé de grains en tuyaux, raisins ou autres fruits mûrs ou voisins de leur maturité.	C. P., art. 475, n° 9.	Amende de 6 à 10 fr.	Emprisonnement de 5 jours.	14
— Sur le terrain d'autrui préparé ou ensemencé.	C. P., art. 471, n° 13.	Amende de 1 à 5 fr.	Emprisonn^t de 3 jours.	13
V. aussi **BESTIAUX.**				
PASSAGES ET RUES. — Défaut d'éclairage et de nettoyage. V. **ÉCLAIRAGE.**				

(1) L'article 471, n° 15, du Code pénal, est applicable aux infractions prévues par le décret réglementaire du 30 avril 1855, mais non prévues par la loi du 22 juin 1854. Dans ce cas, la pénalité n'est que de 1 à 5 fr., et en cas de récidive l'emprisonnement pendant trois jours au plus.

(2) Le fait de garder à vue des bestiaux dans un terrain chargé de récoltes ou de fruits naturels, préparé par le travail de l'homme, constitue un délit correctionnel (art. 26 Code rural).

CONTRAVENTIONS.	ARTICLES DE LOI applicables.	PÉNALITÉS ÉDICTÉES.	CAS DE RÉCIDIVE.	PAGES DES TEXTES
PATRES.				
— Mélange, par leur fait, des bestiaux d'une commune ou section, avec ceux d'une autre commune.	C. F., art. 72.	Amende de 5 à 10 fr. Commune responsable.	Tribunal correctionnel.	13
V. aussi **BERGERS.**				
PATRONS.				
— En contravention à la loi du 7 mars 1850 et à celle du 4 mars 1851.				
V. **TISSAGE** et **APPRENTISSAGE.**				
PATURAGE.				
— Dans les prairies artificielles, vignes, oseraies, capriers, plants ou pépinières d'arbres fruitiers, etc. (1).	C. P., art. 479, n° 10.	Amende de 11 à 15 fr.	Emprisonnement de 5 jours.	16
V. aussi **BESTIAUX.**				
PÉRIPNEUMONIE ET **PESTE** DE L'ESPÈCE BOVINE. **PNEUMO-ENTÉRITE** INFECTIEUSE DE L'ESPÈCE PORCINE.				
— Inobservation des prescriptions concernant ces maladies, imposées par les décrets des 22 juin 1882 et 28 juillet 1888.				
V. **POLICE SANITAIRE DES ANIMAUX.**				
PIGEONS (2).				
V. **COLOMBIERS.**				
V. **VOLAILLES.**				

(1) Les chèvres, dont parle l'art. 18 du Code rural, doivent être comprises dans la désignation générique des bestiaux mentionnés au n° 10 de l'art. 479 du Code pénal.

(2) Les termes combinés des articles 4, 6 et 7 de la loi du 4 avril 1889 auto-

CONTRAVENTIONS.	ARTICLES DE LOI applicables.	PÉNALITÉS ÉDICTÉES.	CAS DE RÉCIDIVE.	PAGES DES TEXTES.
PIERRES (EXTRAC-TION DE). V. BOIS ET FORÊTS. V. aussi CORPS DURS. **PLACEMENT.** V. BUREAU DE PLACE-MENT. **PLACES DE GUERRE.** — Infractions aux règlements émanant de l'autorité militaire concernant les dégradations des fortifications et les délits commis sur les terrains militaires (1).	C. P., art. 471, n° 15.	Amende de 1 à 5 fr.	Emprisonn^t de 3 jours	13
PLAQUES. — Tout propriétaire dont la voiture, circulant sur des voies publiques, en est dépourvue (2).	Loi du 30 mai 1851, art. 2, 3, 7. Décret du 10 août 1852, art. 16, 44.	Amende de 6 à 15 fr.	Non prévu.	73 75
— Tout conducteur de voiture dépourvue de plaque (3).	Id.	Amende de 1 à 5 fr. Propriétaire responsable.	Id.	73 75

risent les propriétaires ou fermiers à tuer non seulement les volailles, mais également les pigeons qui causent des dommages à leurs propriétés, sur le lieu et au moment du dégât et sans pouvoir se les approprier, sauf pendant le temps de la clôture des colombiers (V. ces articles au mot *Colombiers*, p. 32).

(1) Le décret du 10 août 1853, concernant les places de guerre et les fortifications, indique dans les art. 40 et suivants une procédure spéciale devant le Conseil de préfecture pour la répression des contraventions qui y sont prévues.

(2) Sont exceptées de cette disposition : les voitures particulières destinées au transport des personnes, mais étrangères au service des messageries, les malles-postes, les voitures d'artillerie et autres appartenant au département de la guerre ou de la marine et enfin les voitures employées à la culture, qui se rendent de la ferme aux champs ou des champs à la ferme.

(3) Lorsque le propriétaire conduit sa voiture lui-même, il n'y a lieu qu'à l'application de l'amende qui le concerne. Si la même contravention a été constatée à plusieurs reprises, il ne doit être prononcé qu'une seule condamnation pourvu qu'il ne se soit pas écoulé plus de vingt-quatre heures entre la première et la dernière constatation.

CONTRAVENTIONS.	ARTICLES DE LOI applicables.	PÉNALITÉS ÉDICTÉES.	CAS DE RÉCIDIVE.	PAGES DES TEXTES.
POIDS ET MESURES.				
— Emploi par toute personne et détention par les marchands de poids et mesures différents de ceux qui sont établis par les lois en vigueur (1).	Loi du 4 juillet 1837, art. 3 et 4. C. P., art. 479, n° 6.	Amende de 11 à 15 fr., et emprisonn^t facultatif de 5 jours. Confiscation.	Emprisonn^t de 5 jours.	41 16
— Emploi de poids et mesures non poinçonnés (2).	Id.	Id.	Id.	41 16
POINÇONNAGE.				
— Défaut de poinçonnage et de vérification des densimètres employés dans les fabriques de sucre pour contrôler la richesse de la betterave.				
V. **DENSIMÈTRES.**				
V. aussi **THERMOMÈTRES.**				
POLICE SANITAIRE DES ANIMAUX.				
— Infractions au décret du 22 juin 1882, portant règlement d'administration publique sur l'exécution de la loi sur la police sanitaire des animaux et au décret du 28 juillet 1888.	Loi du 21 juillet 1881, art. 34.	Amende de 1 à 200 fr.	Non prévu.	47
V. aussi **CHIENS.**				
V. aussi **MALADIES CONTAGIEUSES.**				
PORCS.				
— Et autres bestiaux non marqués au fer chaud.	C. F., art. 73.	Amende de 3 fr. par tête de bétail.	Amende double.	18
V. aussi **BOIS ET FORÊTS.**				

(1) Les marchands qui détiennent des poids et mesures non conformes au système métrique décimal établi par la loi du 18 germinal an III, dans leurs magasins, boutiques, ateliers ou maisons de commerce, ou dans les halles, foires ou marchés, sont punis comme ceux qui les emploient.

(2) Les poids et mesures établis par les lois en vigueur devant être vérifiés et poinçonnés, sont considérés comme irréguliers lorsqu'ils ne l'ont pas été. En conséquence, ceux qui s'en servent tombent sous l'application de la pénalité édictée par l'art. 479, n° 6, du Code pénal.

CONTRAVENTIONS.	ARTICLES DE LOI applicables.	PÉNALITÉS ÉDICTÉES.	CAS DE RÉCIDIVE.	PAGES DES TEXTES.
POULES. V. **VOLAILLES.**				
PRESSE.				
— Imprimé n'indiquant pas le nom et le domicile de l'imprimeur.	Loi du 29 juill. 1881, art. 2.	Amende de 5 à 15 fr.	Emprisonn^t de 1 à 5 jours.	69
— Contraventions aux prescriptions relatives aux affiches et à l'affichage.	Même loi, art. 2, 15, 16 et 17.	Id.	Id.	69
— Contraventions aux prescriptions relatives au colportage.	Même loi, art. 18 et 21.	Amende de 5 à 15 fr. Emprisonn^t de 1 à 5 jours.	Id.	69
V. aussi **AFFICHES.** — Contravention à l'art. 33 sur l'injure non publique. V. **INJURES.**				
PROPRIÉTÉS MOBILIÈRES. V. **DOMMAGES.**				
PROSTITUTION. — Infractions aux arrêtés y relatifs. V. **ARRÊTÉS.**				
RAGE. — Inobservation des prescriptions contenues au décret du 22 juin 1882 concernant les chiens et les animaux enragés. V. **POLICE SANITAIRE DES ANIMAUX.**				
RAISINS. — Entrée ou passage dans un terrain chargé de raisins ou autres fruits mûrs ou voisins de la maturité.	C. P., art. 475, n° 9.	Amende de 6 à 10 fr.	Emprisonn^t de 5 jours.	14
RAPIDITÉ DES VOITURES. V. **CHARRETIERS.**				

CONTRAVENTIONS.	ARTICLES DE LOI applicables.	PÉNALITÉS ÉDICTÉES.	CAS DE RÉCIDIVE.	PAGES DES TEXTES.
RATELAGE. V. **GLANAGE.**				
RÉCOLTES. —Ceux qui déroberont, sans aucune des circonstances prévues en l'art. 388 du Code pénal, des récoltes ou autres productions non encore détachées du sol. V. aussi **MARAUDAGE.**	C. P., art. 475, n° 15.	Amende de 6 à 10 fr.	Emprisonnement de 5 jours.	14
REGISTRES DES HO-TELIERS, LOGEURS, ETC. — Irrégularités dans leur tenue, défaut d'inscription ou de représentation. V. aussi **AUBERGISTES.**	C. P., art. 475, n° 2.	Amende de 6 à 10 fr.	Emprisonn^t de 5 jours au plus.	14
RÈGLEMENTS DE L'AUTORITÉ. V. **ARRÊTÉS.**				
RÉPARATION DES ÉDIFICES. V. **ÉDIFICES.**				
RÉQUISITIONS. — Ceux qui auront refusé d'obéir aux réquisitions ou de prêter leur concours dans les circonstances d'accidents, tumultes, naufrages, inondations, incendies, pillages, etc.	C. P., art. 475, n° 12.	Amende de 6 à 10 fr.	Emprisonnement de 5 jours.	14
— Refus par les habitants d'obtempérer aux ordres de réquisitions militaires.	Loi du 30 juillet 1877, art. 21.	Amende pouvant s'élever au double de la prestation requise (1).	Non-prévu.	72

(1) Si la prestation était supérieure à 7 fr. 50, le Tribunal de police cesserait d'être compétent.

CONTRAVENTIONS.	ARTICLES DE LOI applicables.	PÉNALITÉS ÉDICTÉES.	CAS DE RÉCIDIVE.	PAGES DES TEXTES.
RÉUNIONS PUBLIQUES.				
— Infractions à la loi du 30 juin 1881 sur la liberté de réunion.	Loi du 30 juin 1881, art. 10.	Amende de 1 à 15 fr. Emprisonn^t de 1 à 5 jours.	Non prévu.	72
RIXES OU VOIES DE FAIT. V. **VIOLENCES.**				
ROUGET.				
— Infractions aux prescriptions et règlements résultant des décrets des 28 juillet 1888, 22 juin 1882, et de la loi du 21 juillet 1881. V. **POLICE SANITAIRE**				
ROULAGE.				
— Voituriers ou conducteurs hors la portée de leurs chevaux ou dans l'impossibilité de les guider, ne se détournant pas des autres voitures, ne prenant pas leur droite, ou ne laissant pas libre la moitié de la chaussée à leur approche, etc., etc. (1). V. aussi **CHARRETIERS**	Loi du 30 mai 1851, art. 5 et 13. Décret du 10 août 1852, art. 9, 14 et 44, *ou* C. P., art. 475, n° 3.	Amende de 6 à 10 fr. Emprisonnement de 1 à 3 jours. Responsabilité du propriétaire.	Amende de 15 fr. Emprisonnèment de 5 jours.	73 75 14
— Stationnement sur les routes ou voies publiques sans nécessité (2).	Loi du 30 mai 1851, art. 5 et 13. Décret du 10 août 1852, art. 10, 44.	*Id.*	*Id.*	73 75

(1) Les contraventions relatives aux règles à suivre par les voituriers au sujet de la partie de la voie publique qu'ils doivent occuper ou laisser libre à l'approche des autres voitures sont prévues et punies par l'art. 475, n° 3, du Code pénal, lorsqu'elles ont lieu sur les chemins vicinaux ordinaires, les chemins ruraux, les rues et places des villes qui ne sont pas la continuation des routes ou chemins vicinaux de grande communication, mais ces contraventions tombent sous l'application de la loi du 30 mai 1851 et du décret réglementaire du 10 août 1852, lorsqu'elles sont relevées sur les routes nationales, départementales ou chemins de grande communication.

(2) Le stationnement sans nécessité sur les chemins autres que les routes na-

CONTRAVENTIONS.	ARTICLES DE LOI applicables.	PÉNALITÉS ÉDICTÉES.	CAS DE RÉCIDIVE.	PAGES DES TEXTES.
ROULAGE (*suite*).				
— Autres infractions à la loi sur la police du roulage concernant le nombre des voitures pouvant être réunies en un même convoi, l'intervalle devant rester libre d'un convoi à un autre, le nombre de conducteurs exigé pour la conduite de chaque convoi, le nombre de voitures devant être conduites par chaque conducteur, etc.	Loi du 30 mai 1851, art. 2, § 2, n° 4, 5, 13. Décret du 10 août 1852, art. 13, 14, 44.	Amende de 6 à 10 fr. Emprisonnement de 1 à 3 jours. Responsabilité du propriétaire.	Amende de 15 fr. Emprisonnement de 5 jours.	73 75
— Voitures circulant sur les routes pendant la nuit et dépourvues de fallot ou de lanterne allumée.	Loi du 30 mai 1851, art. 5 et 13. Décret du 10 août 1852, art. 15 et 44.	*Id.*	*Id.*	73 75
— Voitures dépourvues de plaques. V. **PLAQUES.** V. aussi **VOITURES.**				
ROULIERS. V. **CHARRETIERS.**				
RUES ET PLACES. V. **ÉCLAIRAGE.** V. aussi **ENCOMBREMENTS.**				
SCIES, SERPES, ETC.				
— Ceux qui en sont trouvés porteurs dans les bois, hors des chemins ordinaires. V. **BOIS ET FORÊTS.**				
SECOURS.				
— Refus de prêter secours par ceux qui en sont légalement requis, en cas d'accidents, tumultes, inondations, incendies, flagrant délit ou autres calamités.	C. P., art. 471, n° 12.	Amende de 6 à 10 fr.,	Emprisonn^t de 5 jours.	13

tionales, départementales ou chemins vicinaux de grande communication constitue *l'embarras de la voie publique*, contravention prévue et punie par l'art. 471, n° 4, du Code pénal.

CONTRAVENTIONS.	ARTICLES DE LOI applicables.	PÉNALITÉS ÉDICTÉES.	CAS DE RÉCIDIVE.	PAGES DES TEXTES.
SEVREUSES D'EN-FANTS. V. **ENFANTS DU PRE-MIER AGE.**				
SONGES. — Les gens qui font métier de deviner, pronostiquer ou expliquer les songes.	C. P., art. 479, n° 7.	Amende de 11 à 15 fr. Emprison-nement de 5 jours. Confiscation des instruments, ustensiles ou costumes.	Emprison-nement de 5 jours.	16
SUCRE (FABRICANT DE). — Défaut de vérification et de poinçonnage des den-simètres employés pour contrôler la richesse de la betterave. V. **DENSIMÈTRES.**				
TAPAGE INJURIEUX OU NOCTURNE. — Les auteurs ou complices de bruits ou tapages in-jurieux ou nocturnes, trou-blant la tranquillité des habitants.	C. P., art. 479, n° 8.	Amende de 11 à 15 fr. Emprison-nement de 1 à 5 jours.	Emprison-nement de 5 jours.	16
TERRAIN D'AUTRUI. — Ceux qui auront passé sur le terrain d'autrui préparé ou ensemencé, chargé de grains ou autres fruits. V. **PASSAGE.** — Passage ou pacage des bestiaux sur le terrain d'autrui. V. **BESTIAUX** et **PACAGE.** — Terrain militaire, passage et dégradation. V. **PLACES DE GUERRE.**				

CONTRAVENTIONS.	ARTICLES DE LOI applicables.	PÉNALITÉS ÉDICTÉES.	CAS DE RÉCIDIVE.	PAGES DES TEXTES.
THERMOMÈTRES. — Nécessaires à l'usage des alcoomètres centésimaux de Gay-Lussac mis en vente avant d'avoir été soumis à la vérification prescrite. V. **ALCOOMÈTRES.**	Loi du 7 juill. 1881, art. 5. Loi du 28 juill. 1883, art. 2. C. P., art. 479.	Amende de 11 à 15 fr. Emprisonn^t de 5 jours au plus. Confiscation.	Emprisonnement de 5 jours.	25 26 16
TIR DE PIÈCES D'ARTIFICES. — Dans les lieux ou endroits défendus.	C. P., art. 471, n° 2, art. 472 et 473.	Amende de 1 à 5 fr. Emprisonn^t de 3 jours. Confiscation.	Emprisonnement de 3 jours.	13 14
TISSAGE ET BOBINAGE. — Défaut d'inscription par le fabricant, soit sur le livret de l'ouvrier, soit sur son registre personnel, des mentions prescrites par la loi relativement aux fils destinés à être tissés ou bobinés au prix de façon, etc. — Défaut de possession des instruments nécessaires à la vérification des poids et mesures et défaut d'affichage de la loi. (V. *Addition* à la suite du tableau.)	Loi du 7 mars 1850, art. 1, 2, 3, 5, 6, 8 et 9.	Amende de 11 à 15 fr.	Insertion.	76
TRAITEMENTS. — Mauvais traitements exercés publiquement et abusivement sur les animaux domestiques.	Loi du 2 juillet 1850.	Amende de 5 à 15 fr. Emprisonn^t de 1 à 5 jours.	Emprisonnement. Obligatoire.	26
TRAVAUX ET CONSTRUCTIONS. — Exécutés sans autorisation sur les rues et places publiques.	Loi du 5 avril 1884, art. 98, § 3. C. P., art. 471, n°s 5 et 15. C. inst. cr., art. 161.	Amende de 1 à 5 fr. Démolition des travaux (1).	Emprisonnement de 3 jours	43 13 10

(1) Aux termes de l'art. 161 du Code d'instruction criminelle, le juge de police, après avoir prononcé la peine, statue par le même jugement sur les demandes

CONTRAVENTIONS.	ARTICLES DE LOI applicables.	PÉNALITÉS ÉDICTÉES.	CAS DE RÉCIDIVE.	PAGES DES TEXTES.
TRAVAUX ET CONS-TRUCTIONS (*suite*). — Refus d'exécuter les travaux requis. V. RÉQUISITIONS et SECOURS.				
TROUPEAUX. — Mélangés par le pâtre. V. PATRES. — Menés dans les champs moissonnés depuis moins de deux jours. V. BESTIAUX. — Atteints de maladies contagieuses. V. POLICE SANITAIRE.				
TUBERCULOSE. — Inobservation des prescriptions et règlements résultant des décrets des 28 juillet 1888, 22 juin 1882, et de la loi du 21 juillet 1881. V. POLICE SANITAIRE.				
USAGERS. V. BERGERS.				
USINES. — Défaut d'entretien, de réparations ou de nettoyage. V. ÉTABLISSEMENTS DANGEREUX.	C. P., art. 471, nº 1.	Amende de 1 à 5 fr.	Emprisonnt de 5 jours.	13
USURPATIONS. V. CHEMINS PUBLICS.				

en restitution ou dommages. C'est à ce dernier titre qu'il doit ordonner la démolition des travaux exécutés sans autorisation. Le juge de police doit ordonner la démolition sans se préoccuper si les travaux sont ou non confortatifs (Cass., 1er juin et 3 août 1888).

Si les travaux ont été exécutés en contravention aux arrêtés et règlements relatifs aux alignements, la démolition doit en être ordonnée en vertu de l'édit de décembre 1607.

CONTRAVENTIONS.	ARTICLES DE LOI applicables.	PÉNALITÉS ÉDICTÉES.	CAS DE RÉCIDIVE.	PAGES DES TEXTES.
VÉGÉTAUX NUISIBLES A L'AGRICULTURE. V. CRYPTOGAMES.				
VELOURS (COUPE DE). — Défaut d'inscription par le fabricant ou le commissionnaire sur le livret de l'ouvrier des longueurs et poids de la pièce à couper ou à blanchir, teindre ou apprêter, et le prix de façon au mètre ou au kilog. (V. *Addition* à la suite du tableau.)	Loi du 21 juillet 1856, art. 1, 2, 3. Loi du 7 mars 1850, art. 8 et 9.	Amende de 11 à 15 fr.	Insertion du jugement.	77 76
VÉRIFICATION. — Défaut de vérification des alcoomètres centésimaux, des thermomètres nécessaires à leur usage et des densimètres. V. **ALCOOMÈTRES ET DENSIMÈTRES.**				
VIOLENCES LÉGÈRES. — Les auteurs de rixes, voies de fait ou violences légères.	Code des peines du 3 brumaire, an IV, art. 605, § 8, 606 et 607.	Amende de la valeur de 1 à 3 journ. de travail. Emprisonnᵗ de 1 à 3 jours.	Tribunal correctionnel.	78
VOIE PUBLIQUE. V. EMBARRAS. V. aussi CHEMINS PUBLICS.				
VOIRIE (PETITE). —Négligence ou refus d'exécuter les règlements concernant la petite voirie. V. aussi ALIGNEMENTS et TRAVAUX.	C. P., art. 471, n° 5.	Amende de 1 à 5 fr.	Emprisonnement de 3 jours.	13

CONTRAVENTIONS.	ARTICLES DE LOI applicables.	PÉNALITÉS ÉDICTÉES.	CAS DE RÉCIDIVE.	PAGES DES TEXTES.
VOITURES. — Et bestiaux trouvés dans les bois et forêts, hors des routes et chemins ordinaires.	C. F., art. 147 et 199.	Amende de 10 fr. par voiture, dans les bois de dix ans et au-dessus, et de 20 fr. au-dessous de cet âge (1). Amende par chaque tête et espèce de bestiaux, V. art. 199, C. F., p. 20.	Peines doubles.	20 22
— Voitures non munies de plaques, non éclairées la nuit, abandonnées sur la voie publique ou en contravention à la loi du 30 mai 1851. V. **PLAQUES** et **ROULAGE.**				
— Violation des règlements relatifs au chargement, à la rapidité et à la mauvaise direction des voitures. — Infractions aux règlements relatifs à la solidité, au poids, au mode de chargement des voitures publiques, au nombre et à la sûreté des voyageurs, à l'indication du nombre, du prix des places, etc.	C. P., art. 475. n° 4.	Amende de 6 à 10 fr. Emprisonnement de 3 jours. au plus.	Emprisonnement. de 5 jours.	14
VOLAILLES. — Abandonnées sur la propriété d'autrui (2). V. aussi **ANIMAUX.**	Loi des 28 sept.-6 oct. 1791, art. 12. Loi du 23 thermidor, an IV, art. 2.	Amende de la valeur de 1 à 3 journ. de travail. Emprisonn^t de 1 à 3 jours.	Tribunal correctionnel. *(Peines doubles).*	44 47

(1) Il résulte de l'art. 147 du Code forestier, que si la voiture est trouvée dans un bois au-dessous de dix ans, l'amende dépassant quinze francs, le Tribunal de simple police est incompétent.

Il en est de même en cas de récidive, lorsque la pénalité à appliquer dépasse cette somme.

(2) Aux termes de l'art. 12 de la loi des 28 septembre-6 octobre 1791, le propriétaire, détenteur ou fermier, est autorisé à tuer les volailles qui sont abandonnées sur sa propriété rurale, mais sur le lieu même et au moment du dégât. Cette disposition est reproduite par l'art. 4 de la loi du 4 avril 1889. Aux termes de l'art. 7 de cette dernière loi, les propriétaires ou fermiers peuvent exercer les mêmes droits en ce qui concerne les pigeons.

ADDITION.

Dans sa séance du 11 février 1890, alors que le présent ouvrage était sous presse, la Chambre des députés a voté un projet portant abrogation de la loi du 22 juin 1854 sur les livrets d'ouvriers, ainsi que celle du 7 mars 1850 sur le tissage et le bobinage.

Ce projet, différant sur quelques points de celui précédemment adopté par le Sénat, devra être discuté à nouveau devant cette Assemblée.

Les deux Chambres étant d'accord sur le point principal, la suppression des livrets d'ouvriers, il est à présumer que les deux lois sus-énoncées seront abrogées définitivement dans un avenir prochain.

Il pourrait cependant se faire que la loi du 7 mars 1850 ne subisse que des modifications, attendu que le livret qu'elle prescrit paraît présenter une utilité au point de vue de la constatation des conditions de travail entre patrons et ouvriers.

En tous cas, l'auteur a cru devoir, en attendant leur abrogation, maintenir à leur place ces lois et les contraventions qu'elles prévoient.

BAR-LE-DUC, IMPRIMERIE CONTANT-LAGUERRE.

9 782019 639648